# Aposentadoria Especial

**Tuffi Messias Saliba**

Engenheiro Mecânico. Engenheiro de Segurança do Trabalho. Advogado. Mestre em Meio Ambiente.
Ex-professor dos cursos de Pós-Graduação de Engenharia de Segurança e Medicina do Trabalho.
Diretor Técnico da ASTEC – Assessoria e Consultoria em Segurança e Higiene do Trabalho Ltda.

# Aposentadoria Especial

2ª edição

**LTr**

**EDITORA LTDA.**

© Todos os direitos reservados

Rua Jaguaribe, 571

CEP 01224-001

São Paulo, SP – Brasil

Fone: (11) 2167-1101

www.ltr.com.br

Produção Gráfica e Editoração Eletrônica: Peter Fritz Strotbek
Projeto de Capa: Fabio Giglio
Impressão: Pimenta Gráfica e Editora

LTr 4869.2
Setembro, 2013

---

Dados Internacionais de Catalogação na Publicação (CIP)
(Câmara Brasileira do Livro, SP, Brasil)

Saliba, Tuffi Messias
   Aposentadoria especial / Tuffi Messias Saliba. — 2. ed. — São Paulo : LTr, 2013.

   Bibliografia.
   ISBN 978-85-361-2673-9

   1. Aposentadoria — Brasil I. Título.

13-06988                                                CDU-34:331.25(81)

Índices para catálogo sistemático:

1. Brasil : Aposentadoria especial : Direito do trabalho    34:331.25(81)

# SUMÁRIO

**Capítulo I** ............................................................................... 7
1. Conceito ............................................................................. 7
2. Evolução das normas de concessão de aposentadoria especial ........... 7
    2.1. Decreto n. 83.080/79 ..................................................... 8
    2.2. Lei n. 8.213/91 ............................................................. 8
    2.3. Lei n. 9.032/95 ............................................................. 8
    2.4. Leis ns. 9.528/97 e 9.732/98 ........................................... 9
    2.5. Decreto n. 2.172/97 ..................................................... 10
    2.6. Ordem de Serviço n. 600, de 2.6.1998 .............................. 10
    2.7. Decreto n. 3.048/99 ..................................................... 11
    2.8. Portaria n. 5.404, de 2.7.1999 ........................................ 12
    2.9. Ordens de serviço e instruções normativas ....................... 12
3. Contribuição adicional — financiamento do benefício ................... 13
4. Conversão do tempo especial em tempo de serviço ....................... 14
5. Relação insalubridade, periculosidade e aposentadoria especial ....... 15
6. Requerimento do benefício de aposentadoria especial/ recursos ...... 17
7. Aposentadoria especial do servidor público ................................. 18

**Capítulo II** .............................................................................. 20
1. Caracterização técnica da atividade especial ................................. 20
    1.1. Ruído .......................................................................... 21
    1.2. Calor .......................................................................... 27
    1.3. Vibração ..................................................................... 32
    1.4. Radiações ionizantes .................................................... 38
    1.5. Pressão atmosférica anormal ........................................ 39
    1.6. Radiação não ionizante ................................................ 39
    1.7. Frio ............................................................................ 40
    1.8. Umidade ..................................................................... 41
    1.9. Agentes químicos ......................................................... 42
        1.9.1. Caracterização .................................................... 42
        1.9.2. Arsênio e seus compostos ..................................... 45
        1.9.3. Asbestos ............................................................. 47
        1.9.4. Benzeno .............................................................. 48
        1.9.5. Berilo ................................................................. 49
        1.9.6. Bromo ................................................................ 49

| | |
|---|---:|
| 1.9.7. Cádmio | 50 |
| 1.9.8. Carvão mineral e seus derivados | 50 |
| 1.9.9. Chumbo e seus compostos tóxicos | 51 |
| 1.9.10. Cloro e seus compostos tóxicos | 52 |
| 1.9.11. Cromo e seus compostos tóxicos | 52 |
| 1.9.12. Dissulfeto de carbono | 53 |
| 1.9.13. Fósforo e seus compostos tóxicos | 54 |
| 1.9.14. Iodo | 54 |
| 1.9.15. Manganês e seus compostos | 55 |
| 1.9.16. Mercúrio e seus compostos | 55 |
| 1.9.17. Níquel e seus compostos tóxicos | 56 |
| 1.9.18. Sílica livre | 57 |
| 1.9.19. Petróleo, xisto betuminoso, gás natural e seus derivados | 58 |
| 1.9.20. Outras substâncias químicas | 59 |
| 1.9.21. Agentes químicos não mencionados no regulamento | 60 |
| 1.9.22. Eliminação/neutralização | 61 |
| 1.10. Agentes biológicos | 61 |
| 1.11. Associação dos agentes | 62 |
| **Capítulo III — Laudo Técnico** | **64** |
| 1. Considerações gerais | 64 |
| 2. Demonstrações ambientais | 65 |
| 3. Laudo Técnico de Condições Ambientais do Trabalho — LTCAT | 68 |
| **Capítulo IV — Perfil Profissiográfico Previdenciário** | **72** |
| 1. Considerações gerais | 72 |
| 2. Exigências do PPP | 73 |
| 3. Emissão e atualização do PPP | 73 |
| 4. Responsável pela emissão do PPP | 74 |
| 5. Elaboração e modelo do PPP | 75 |
| **Capítulo V** | **87** |
| 1. Súmulas e jurisprudências | 87 |
| 1.1. Súmulas de Turma Nacional de Uniformização dos Juizados Especiais Federais | 87 |
| 1.2. Súmulas do Tribunal Federal de Recursos | 87 |
| 1.3. Jurisprudências | 88 |
| **Apêndice** | **97** |
| **Referências bibliográficas** | **111** |

# Capítulo I

## 1. Conceito

A aposentadoria especial surgiu com a Lei Orgânica da Previdência Social n. 3.807, de 26 de agosto de 1960. Esse benefício é uma modalidade de aposentadoria por tempo de serviço, diminuído para 15, 20 ou 25 anos em razão das condições insalubres, periculosas e penosas a que estiver submetido o trabalhador (FREUDENTHAL, 2000). O direito a aposentadoria especial foi elevado ao *status* de norma constitucional em 1988, no § 1º do art. 201, que dispõe:

> § 1º É vedada a adoção de requisitos e critérios diferenciados para a concessão de aposentadoria aos beneficiários do regime geral de previdência social, ressalvados os casos de atividades exercidas sob condições especiais que prejudiquem a saúde ou a integridade física, definidos em lei complementar.

No mesmo sentido, o art. 57 da Lei n. 8.213/91 estabelece que a aposentadoria especial será devida, uma vez cumprida a carência exigida nesta lei, ao segurado que tiver trabalhado sujeito a condições especiais que prejudiquem a saúde ou a integridade física durante 15, 20 ou 25 anos. Já o § 4º da referida lei, com nova redação dada pela Lei n. 9.032, de 1995, determina que o segurado deverá comprovar, além do tempo de trabalho, a exposição a agentes nocivos químicos, físicos, biológicos ou associação de agentes prejudiciais à saúde ou à integridade física, pelo período equivalente ao exigido para a concessão do benefício.

Portanto, a aposentadoria especial pode ser definida como benefício previdenciário em razão das condições de trabalho com exposição a agentes físicos, químicos, biológicos ou associação desses agentes, passíveis de prejudicar a saúde ou a integridade física do trabalhador.

## 2. Evolução das normas de concessão de aposentadoria especial

Como mencionado anteriormente, a aposentadoria especial foi instituída no Brasil em 1960 no art. 31 da Lei n. 3.807, de 26.8.1960, tendo sido regulamentada pelo Decreto n. 53.864/64. Esse Decreto estabelecia quadro por categoria profissional e pela atividade desenvolvida. Assim, por exemplo, soldador, motorista de ônibus, engenheiro químico, telefonista e professor eram algumas das profissões mencionadas pelo referido Decreto como especial e, portanto, com direito ao benefício da aposentadoria. A norma presumia o risco a saúde ou à integridade física nessas profissões. No anexo II, o Decreto relacionava os agentes físicos, químicos e biológicos e as atividades com possível exposição ocupacional. Não havia limites de tolerância para nenhum agente, exceto ruído e calor. Esse Decreto mencionava o nível de ruído de 80 dB, enquanto para a exposição ao calor estabelecia índice de Temperatura Efetiva superior a 28 ºC. Os quadros I e II do Decreto n. 53.831/64 estão no Apêndice 1.

## 2.1. Decreto n. 83.080/79

Em 1979 houve mudança significativa no critério de caracterização da atividade como especial com a edição do Decreto n. 83.080, de 24.1.1979. Esse Decreto suprimiu algumas profissões consideradas como especiais pelo Decreto n. 5.381/64, como eletricista e engenheiro civil. Além disso, o critério de caracterização da atividade como especial pela exposição a agentes físicos, químicos e biológicos também foi revisado, devendo ser destacada a elevação do nível de ruído para 90 dB para fins de concessão do direito ao benefício. Esse nível conflitava com o limite de tolerância de 85 dB(A) para caracterização de insalubridade, conforme estabelecido pelo Anexo 1, da NR 15 da Portaria n. 3.214/78. Além dos conflitos com a norma trabalhista, outras controvérsias sobre o direito adquirido e o enquadramento surgiram com a nova regulamentação. O Decreto n. 83.080/79 não revogou o Decreto n. 53.831/64, sendo assim, os critérios para enquadramento da atividade como especial geravam muitas dúvidas. Assim, a autarquia federal, na década de 1990, admitia o enquadramento do Decreto n. 53.831/64, porém era exigida a idade mínima de 50 anos, embora esse limite de idade tenha sido suprimido pela Lei n. 5440–A em 23.5.1968 (FREUDENTHAL, 2000). Em 4.9.1995 a exigência da idade de 50 anos foi suprimida pelo parecer CJ/MOMAS n. 223. Os quadros I e II do Decreto n. 83.080/79 estão no Apêndice 2.

O enquadramento da atividade como especial nos quadros dos Decretos ns. 53.831/64 e 83.080/79 favorecia a concessão da aposentadoria especial, uma vez que bastava apenas a comprovação do exercício da profissão relacionada no quadro ou a atividade com exposição a agentes físicos, químicos e biológicos, sem necessidade de avaliação quantitativa, exceto para o ruído, que possuía limite de tolerância.

## 2.2. Lei n. 8.213/91

Em 1991, com a edição da Lei n. 8.213/91, os benefícios da previdência foram revisados. Todavia, essa lei manteve os Decretos ns. 53.831/64 e 83.080/79 como normas para a concessão ou não do direito a aposentadoria especial.

## 2.3. Lei n. 9.032/95

Em 1995 as normas jurídicas pertinentes à caracterização técnica do direito a aposentadoria especial sofreram mudanças substanciais. Tais mudanças dificultaram o reconhecimento desse direito, pois o enquadramento pela categoria profissional foi suprimido, além de ser exigida comprovação técnica da exposição aos agentes. Conforme Martinez, a Lei n. 9.032/95 deu nova redação ao caput do art. 57 da Lei n. 8.213/91, substituindo a locução "conforme atividade profissional" por "segurado que tiver trabalhado sujeito a condições especiais que prejudiquem a saúde ou a integridade física". Desse modo, a partir de 24.4.1995 as categorias profissionais descritas nos anexos dos Decretos ns. 83.080/79 e 55.831/64, só por pertencerem às profissões elencadas, perderam o direito ao benefício (MARTINEZ, p. 121, 2003).

Cabe destacar, ainda, as alterações dos §§ 3º e 4º do referido artigo:

> § 3º A concessão da aposentadoria especial dependerá de comprovação pelo segurado, perante o Instituto Nacional do Seguro Social — INSS, do tempo de trabalho permanente, não ocasional nem intermitente, em condições especiais que prejudiquem a saúde ou a integridade física, durante o período mínimo fixado.
>
> § 4º O segurado deverá comprovar, além do tempo de trabalho, exposição aos agentes nocivos químicos, físicos, biológicos ou associação de agentes prejudiciais à saúde ou à integridade física, pelo período equivalente ao exigido para a concessão do benefício.

Observa-se que a regulamentação passou a exigir, para concessão da aposentadoria especial, a comprovação da exposição a agentes nocivos à saúde ou à integridade física. Assim, ao contrário do previsto nos Decretos ns. 83.080/79 e 83.831/64, foi afastada a concessão de aposentadoria pelo enquadramento da profissão ou dos agentes agressivos estabelecidos nos quadros anexos aos referidos decretos. Para tanto, é necessária a comprovação da exposição, que deverá ser verificada por meio de avaliação quantitativa ou qualitativa nos locais de trabalho do segurado por profissional especializado em matéria de segurança e higiene do trabalho, ou seja, com base em laudo técnico de condições ambientais expedido por médico do trabalho ou engenheiro de segurança do trabalho (art. 58, § 1º da Lei n. 8.213/91).

## 2.4. Leis ns. 9.528/97 e 9.732/98

As Leis ns. 9.528/97 e 9.732/98 deram nova redação ao art. 58 da Lei n. 8.213/91, que destacamos:

> Art. 58 – A relação dos agentes nocivos químicos, físicos e biológicos ou associação de agentes prejudiciais à saúde ou à integridade física considerados para fins de concessão da aposentadoria especial de que trata o artigo anterior será definida pelo Poder Executivo.
>
> § 1º A comprovação da efetiva exposição do segurado aos agentes nocivos será feita mediante formulário, na forma estabelecida pelo Instituto Nacional do Seguro Social — INSS, emitido pela empresa ou seu preposto, com base em laudo técnico de condições ambientais do trabalho expedido por Médico do Trabalho ou Engenheiro de Segurança do Trabalho.
>
> § 2º Do laudo técnico referido no parágrafo anterior deverão constar informação sobre a existência de tecnologia de proteção coletiva que diminua a intensidade do agente agressivo a limites de tolerância e recomendação sobre a sua adoção pelo estabelecimento respectivo.
>
> § 3º A empresa que não mantiver laudo técnico atualizado com referência aos agentes nocivos existentes no ambiente de trabalho de seus trabalhadores ou que emitir documento de comprovação de efetiva exposição em desacordo com o respectivo laudo estará sujeita à penalidade prevista no art. 133 desta Lei.
>
> § 4º A empresa deverá elaborar e manter atualizado perfil profissiográfico abrangendo as atividades desenvolvidas pelo trabalhador e fornecer a este, quando da rescisão do contrato, cópia autêntica deste documento.

Nessas alterações foram introduzidas várias novidades em relação à comprovação da exposição do segurado a riscos.

No § 1º foi estabelecido que a comprovação da exposição deve ser feita por meio de laudo técnico emitido por médico do trabalho ou engenheiro de segurança do trabalho nos termos da legislação trabalhista. A lei uniformizou o procedimento, de acordo com o art. 195 da CLT, que fixa a mesma regra para caracterização de insalubridade e periculosidade.

Essa mudança foi, a nosso ver, correta e pôs fim às interpretações equivocadas dos órgãos do INSS em só aceitar laudos de órgãos públicos (FUNDACENTRO e Ministério do Trabalho) ou de perícias, dificultando, muitas vezes, a prova técnica da exposição pelo segurado ou pela empresa e, consequentemente, a não concessão da aposentadoria especial.

Outra alteração importante foi a exigência de informação no laudo sobre tecnologia de proteção coletiva (Lei n. 9.528/97) e proteção individual (Lei n. 9.752/98), capazes de reduzir a intensidade ou a concentração do agente a um nível menor que o limite de tolerância.

Outra novidade foi a inclusão dos §§ 3º e 4º no art. 58 da Lei n. 8.213/91 pela Lei n. 9.528/97, passando a exigir que a empresa mantenha atualizados os laudos de comprovação de exposição aos riscos, bem como o perfil profissiográfico das atividades desenvolvidas pelo trabalhador durante todo o pacto laboral, além do fornecimento de uma cópia para o trabalhador no momento da rescisão do contrato de trabalho. Essas exigências foram acertadas, pois muitas vezes o segurado não consegue provar sua exposição ao risco por falta de documentação da época em que trabalhou em determinada empresa ou devido à alteração ou extinção do estabelecimento.

É importante destacar que a Lei n. 8.213/91 não revogou os quadros dos Decretos ns. 53.831/64 e 83.080/79. Essa lei estabeleceu que as atividades profissionais prejudiciais à saúde serão objeto de lei específica. Todavia, a Lei n. 9.528/97 deu nova redação ao art. 58 da Lei n. 8.213/91, estabelecendo que a relação dos agentes físicos, químicos e biológicos ou associação de agentes prejudiciais à saúde ou à integridade física para fins de concessão da aposentadoria especial será definida pelo Poder Executivo.

## 2.5. Decreto n. 2.172/97

Em 6.3.1997, o Poder Executivo editou o Decreto n. 2.172, que estabeleceu em seu anexo IV a relação dos agentes físicos, químicos e biológicos ou associação de agentes, bem como as atividades capazes de gerar o direito a aposentadoria especial. Esse Decreto foi revogado pelo Decreto n. 3.048/99, conforme será comentado posteriormente.

## 2.6. Ordem de Serviço n. 600, de 2.6.1998

Nesta ordem de serviço foram definidos e conceituados os parâmetros de avaliação da exposição aos agentes agressivos à saúde. Além disso, foram introduzidas várias inovações na comprovação do exercício de atividade especial, das quais destacamos:

• A empresa ou seu preposto, com base no laudo técnico, deverá fornecer informações das atividades do segurado com exposição a agentes agressivos por meio de modelo fornecido na referida ordem de serviço — modelo DSS 8030 (antigo SB-40).

• No caso de a empresa declarar no DSS 8030 (DIRBEN 8030) a exposição a agentes nocivos, deverá, a partir de 28.4.1995, manter o perfil profissiográfico e laudo técnico dos riscos ambientais atualizados.

• A ordem de serviço detalha os procedimentos para aceitação do laudo técnico, merecendo destaque os laudos individuais e aqueles elaborados por peritos particulares. Nesses casos, os laudos devem ser acompanhados de autorização escrita da empresa para efetuar o levantamento, cópia do documento de habilitação do profissional, nome e identificação do acompanhante.

• A Ordem de Serviço n. 600 fornece também os parâmetros mínimos que deverão constar do laudo técnico, incluindo a informação de existência de tecnologia de proteção coletiva.

• A inovação mais controvertida da Ordem de Serviço n. 600 foi a descaracterização da atividade como especial, se no laudo técnico constar informação de que o uso de equipamento de proteção individual é capaz de neutralizar o agente nocivo.

Da mesma forma que a insalubridade, do ponto de vista técnico, a manutenção do programa de prevenção de riscos ambientais, com todos os dados de avaliação, dados ambientais e perfil profissiográfico atualizados, treinamento e fiscalização do uso de equipamentos de proteção individual, substituição regular destes, dentre outros, podem neutralizar os riscos em vários casos.

## 2.7. Decreto n. 3.048/99

Este decreto revogou os Decretos ns. 2.172/97 e 2.173/97 e, no tocante à aposentadoria especial, reiterou a exigência de que a empresa mantenha laudo técnico e perfil profissiográfico atualizados com referência aos agentes nocivos. A não observância dessa regra ou emissão de documento em desacordo com o laudo sujeitará a empresa à multa prevista no art. 283 deste dispositivo legal.

Este Decreto, em seu anexo IV, estabeleceu os agentes físicos, químicos e biológicos ou associação de agentes passíveis de acarretar risco à saúde ou à integridade física. O quadro IV acrescentou que, nos agentes químicos e físicos, a concentração ou a intensidade do agente deve ser superior ao limite de tolerância para que caracterize a aposentadoria especial.

Cabe salientar que esse Decreto continua vigorando com as alterações feitas posteriormente à sua publicação. Dentre essas mudanças destacam-se:

— Alteração do limite de ruído. O Decreto n. 4882/03 modifica o Decreto n. 3.048/99 em seu anexo IV, estabelecendo que a aposentadoria especial por ruído será devida quando o NEN (Nível de Exposição Normalizado) for superior a 85 dB(A).

— Na associação de agente, além do enquadramento da atividade, o Decreto n. 4.882/03 estabeleceu também a exposição a esses agentes acima dos limites de tolerância.

O Decreto procurou uniformizar outros agentes, como calor e vibração, de acordo com a NR 15 da Portaria n. 3.214/78 do MTE.

A uniformização dos critérios de concessão de aposentadoria especial com as normas do MTE para caracterização de insalubridade é correta, uma vez que evita e minimiza as divergências da concessão do benefício e o pagamento do adicional.

## 2.8. Portaria n. 5.404, de 2.7.1999

Esta Portaria dispõe sobre os procedimentos do INSS para análise e concessão de aposentadoria especial, ressalvando-se como condição essencial a informação do uso de equipamentos de proteção coletiva ou individual e a avaliação da efetiva exposição a agentes nocivos.

O art. 3º da referida Portaria dispõe:

I – Do laudo técnico deverão constar informações sobre a existência e o uso de tecnologia de proteção coletiva ou individual que diminua a intensidade do agente agressivo a limites de tolerância, recomendação sobre sua adoção pelo estabelecimento respectivo e informações sobre as especificações dos equipamentos de proteção coletiva e individual utilizados pelas empresas, descrição e identificação do equipamento de proteção individual utilizado pelo trabalhador e o número do certificado respectivo depositado no Ministério do Trabalho e Emprego — MTE para verificação.

II – Quando a utilização dos equipamentos de proteção coletiva ou individual possibilitar a neutralização ou redução do agente nocivo aos limites de tolerância, a referida exposição não será considerada para fins de concessão de aposentadoria especial.

Assim, a Portaria exige que conste no laudo técnico as medidas de controle, enfatizando a proteção individual e sua possível eficácia na neutralização do risco, de forma que, caso os referidos equipamentos diminuam a intensidade do agente até níveis abaixo do limite de tolerância, a aposentadoria especial não será concedida.

## 2.9. Ordens de serviço e instruções normativas

Com o objetivo de uniformizar os procedimentos para concessão de aposentadoria especial, o INSS editou várias ordens de serviços e instruções normativas. No item a seguir serão comentados tecnicamente esses dispositivos legais.

O quadro a seguir mostra o enquadramento e as normas de concessão ao benefício de aposentadoria especial, conforme normas previdenciárias.

| Período trabalhado | Enquadramento |
|---|---|
| Até 28.4.1995 | Quadro anexo ao Decreto n. 53.831, de 1964. Anexos I e II do RBPS, aprovados pelo Decreto n. 83.080, de 1979.<br>Formulário; CP/CTPS; LTCAT, obrigatoriamente para o agente físico ruído. |
| De 29.4.1995 a 13.10.1996 | Código 1.0.0 do Quadro anexo ao Decreto n. 53.831, de 1964. Anexo I do RBPS, aprovado pelo Decreto n. 83.080, de 1979.<br>Formulário; LTCAT ou demais Demonstrações Ambientais, obrigatoriamente para o agente físico ruído. |

| | |
|---|---|
| De 14.10.1996 a 5.3.1997 | Código 1.0.0 do Quadro anexo ao Decreto n. 53.831, de 1964. Anexo I do RBPS, aprovado pelo Decreto n. 83.080, de 1979. Formulário; LTCAT ou demais Demonstrações Ambientais, para todos os agentes nocivos. |
| De 6.3.1997 a 31.12.1998 | Anexo IV do RBPS, aprovado pelo Decreto n. 2.172, de 1997. Formulário; LTCAT ou demais Demonstrações Ambientais, para todos os agentes nocivos. |
| De 1º.1.1999 a 6.5.1999 | Anexo IV do RBPS, aprovado pelo Decreto n. 2.172, de 1997. Formulário; LTCAT ou demais Demonstrações Ambientais, para todos os agentes nocivos, que deverão ser confrontados com as informações relativas ao CNIS para homologação da contagem do tempo de serviço especial, nos termos do art. 19 e § 2º do art. 68 do RPS, com redação dada pelo Decreto n. 4.079, de 2002. |
| De 7.5.1999 a 31.12.2003 | Anexo IV do RPS, aprovado pelo Decreto n. 3.048/99. Formulário; LTCAT ou demais Demonstrações Ambientais, para todos os agentes nocivos, que deverão ser confrontados com as informações relativas ao CNIS para homologação da contagem do tempo de serviço especial, nos termos do art. 19 e § 2º do art. 68 do RPS, com redação dada pelo Decreto n. 4.079, de 2002. |
| A partir de 1º.1.2004 | Anexo IV do RPS, aprovado pelo Decreto n. 3.048/1999. Formulário que deverá ser confrontado com as informações relativas ao CNIS para homologação da contagem do tempo de serviço especial, nos termos do art. 19 e § 2º do art. 68 do RPS, com redação dada pelo Decreto n. 4.079, de 2002. |

## 3. Contribuição adicional — financiamento do benefício

A Lei n. 9.732/98 deu nova redação ao § 6º do art. 57 da Lei n. 8.213/91, conforme se segue:

§ 6º O benefício previsto neste artigo será financiado com os recursos provenientes da contribuição de que trata o inciso II do art. 22 da Lei n. 8.212, de 24 de julho de 1991, cujas alíquotas serão acrescidas de 12 (doze), 9 (nove) ou 6 (seis) pontos percentuais, conforme a atividade exercida pelo segurado a serviço da empresa permita a concessão de aposentadoria especial após 15 (quinze), 20 (vinte) ou 25 (vinte e cinco) anos de contribuição, respectivamente.

Dispõe o inciso II do art. 22 da Lei n. 8.212:

II – para o financiamento da complementação das prestações por acidente do trabalho, dos seguintes percentuais, incidentes sobre o total das remunerações pagas ou creditadas, no decorrer do mês, aos segurados empregados e trabalhadores avulsos:

a) 1% (um por cento) para as empresas em cuja atividade predominante o risco de acidentes do trabalho seja considerado leve;

b) 2% (dois por cento) para as empresas em cuja atividade preponderante esse risco seja considerado médio;

c) 3% (três por cento) para as empresas em cuja atividade preponderante esse risco seja considerado grave.

Com o advento dessa lei, o governo repassou para as empresas o encargo gerado pela aposentadoria especial, ou seja, o tempo menor de contribuição será compensado pelos acréscimos previstos na precitada lei. Todavia, é possível à empresa eximir-se desse encargo, desde que invista em medidas preventivas de Segurança, Higiene e Medicina do Trabalho. Portanto, a aplicação de recursos em melhores condições de trabalho e proteção à saúde dos trabalhadores pode reduzir os custos da empresa, devido ao não recolhimento dos acréscimos à contribuição. Desse modo, a nosso ver, isso significa, em princípio, incentivo ao empregador em adotar medidas preventivas de controle dos riscos à saúde, especialmente, coletiva.

Como comentado anteriormente, o laudo técnico deverá conter informações de tecnologia de proteção coletiva ou equipamento de proteção individual que diminuam a concentração ou intensidade do agente a níveis abaixo do limite de tolerância (art. 58, § 2º da Lei n. 8.213/91). Nesse caso, administrativamente o INSS não irá deferir o benefício da aposentadoria especial. Da mesma forma, quando a atividade não se enquadra no anexo IV do Decreto n. 3.048/99 e a exposição aos agentes estiveram abaixo do limite, o benefício também não será deferido.

Desse modo, se não há deferimento do benefício, o empregador não terá que receber a contribuição adicional.

Contudo, o segurado poderá obter o reconhecimento do direito ao benefício perante o Poder Judiciário. Sendo assim, o ônus do benefício continuará com o INSS. Portanto, as normas previdenciárias, especialmente no que se refere à eficácia da proteção por meio do equipamento de proteção individual, deverão ser revistas.

## 4. Conversão do tempo especial em tempo de serviço

Segundo Martinez, a transformação do período de trabalho especial para o comum foi (a partir da Lei n. 9.032/95, apenas esta modalidade) e sempre será válida entre tempos especiais, necessariamente ampliando-se o interregno laboral em número de dias (MARTINEZ, p. 53, 2007). Portanto, o Decreto n. 4.827, de 3.9.2003, e a regulamentação vigente permitem a conversação somente de tempo especial em comum, vedando a regra inversa.[1]

De acordo com Martinez, não é possível haver conversão de tempo exclusivamente especial ou exclusivamente comum. Exemplificativamente, um homem exclusivamente com 22 anos de insalubridade não pode fazer a multiplicação 22 x 1,40 = 30,8 anos e solicitar o benefício (MARTINEZ, p. 54, 2007).

O tempo de trabalho em condições especiais será somado após a respectiva conversão ao tempo de trabalho exercido em atividade comum, qualquer que seja o período trabalhado, aplicando-se a seguinte tabela:

| TEMPO DE SERVIÇO A SER CONVERTIDO | PARA 15 ANOS | PARA 20 ANOS | PARA 25 ANOS | PARA 30 ANOS | PARA 35 ANOS |
|---|---|---|---|---|---|
| De 15 anos | 1,0 | 1,33 | 1,60 | 2,0 | 2,3 |
| De 20 anos | 0,75 | 1,00 | 1,25 | 1,25 | 1,75 |
| De 25 anos | 0,6 | 0,8 | 1,0 | 1,20 | 1,4 |

(1) SÚMULA N. 16 – Turma Nacional de Uniformização da Jurisprudência dos Juizados Especiais Federais (JEFs). A conversão em tempo de serviço comum, do período trabalhado em condições especiais, somente é possível relativamente à atividade exercida até 28 de maio de 1998 (art. 28 da Lei n. 9.711/98).

Exemplo 1:

Para um segurado que tenha trabalhado 20 anos como soldador (tempo mínimo de trabalho de 25 anos) e 10 anos como escriturário, a conversão é feita da seguinte forma:

Aposentadoria especial para aposentadoria por tempo de serviço:

20 X 1,4 = 28 anos

10 X 1,0 = 10 anos

Assim, o tempo de serviço desse segurado será igual a 28 + 10 = 38 anos, ou seja, superior a 35 anos (tempo mínimo exigido para aposentadoria).

Exemplo 2:

A segurada trabalhou 10 anos exposta a ruído acima de 90 dB e 15 anos em atividade comum.

Aposentadoria especial para aposentadoria por tempo de serviço:

10 X 1,2 = 12 anos

15 X 1,0 = 15 anos

Nesse caso, o tempo de serviço convertido é igual a 12 + 15 = 27 anos. Desse modo, para a segurada faltam aproximadamente 3 anos para completar os 30 anos (tempo mínimo exigido para aposentadoria da mulher).

## 5. Relação insalubridade, periculosidade e aposentadoria especial

A finalidade do adicional de insalubridade e periculosidade é compensar o trabalho em condições de risco à saúde ou a integridade física do trabalhador por meio do adicional de natureza salarial.

O benefício da aposentadoria especial também compensa o trabalhador num tempo menor de serviço devido às condições de exposição ao risco à saúde ou à integridade física.

Desse modo, o direito ao adicional de insalubridade e o benefício de aposentadoria especial têm como fato gerador a exposição a agentes físicos, químicos e biológicos. Todavia, a base legal é diferente, pois a insalubridade e a periculosidade estão regulamentados pela CLT, enquanto a aposentadoria especial, pela Lei n. 8.213/91.

A definição de insalubridade encontra-se no art. 191 da CLT. Já o art. 190 determina que a regulamentação dos agentes insalubres e os critérios de caracterização são de competência do MTE. Por meio da NR 15 da Portaria n. 3.214/78, o MTE regulamentou a matéria em 14 anexos:

— Anexos 1 e 2: Ruído

— Anexo 3: Calor

— Anexo 4: Revogado

— Anexo 5: Radiação ionizante

— Anexo 6: Pressões anormais

— Anexo 7: Radiação não ionizante

— Anexo 8: Vibração

— Anexo 9: Frio

— Anexo 10: Umidade

— Anexo 11: Gases e vapores

— Anexo 12: Poeiras minerais

— Anexo 13: Agentes químicos

— Anexo 14: Agentes biológicos

A Lei n. 8.213/91, em seus arts. 57 e 58 e suas alterações, define o benefício da aposentadoria especial. Já o Decreto n. 3.048/99, em seu anexo IV, especifica os agentes físicos, químicos e biológicos e a associação de agentes que ensejam o direito a aposentadoria especial. A Instrução Normativa n. 45/10 e suas alterações detalham as metodologias e procedimentos de avaliação desses agentes. Atualmente, essas normas procuram uniformizar os critérios de avaliação dos agentes com os estabelecidos na NR 15. Todavia, ainda há conflitos em certas situações, e serão examinados no Capítulo II.

O art.193 da CLT estabelece o adicional de periculosidade para explosivos, inflamáveis, energia elétrica, bem como roubos ou outras espécies de violência física nas atividades profissionais de segurança pessoal ou patrimonial. A regulamentação dos explosivos inflamáveis é feita pela NR 16, enquanto a energia elétrica é regulamentada pelo Decreto n. 9.3412/86. A Lei n. 11.901, de 12 de janeiro de 2009, instituiu o adicional de periculosidade para bombeiro civil.

Outro agente que gera o adicional de periculosidade é a exposição a radiação ionizante, conforme Portaria n. 518/03, do Ministério do Trabalho e Emprego.

O Decreto n. 3.048/99, no quadro IV não menciona atividades envolvendo explosivos, inflamáveis e energia elétrica. Já em relação a radiação ionizante, o Decreto menciona algumas atividades, porém não são uniformes com a Portaria n. 518/03.

Os Decretos ns. 53.831/64 e 83.080/79 mencionam as atividades ou categorias profissionais consideradas perigosas pela legislação trabalhista, tais como engenheiro eletricista, maquinista, motoristas de caminhão, aeronautas entre outros.

Portanto, até a data da revogação dos referidos Decretos, essas atividades eram consideradas especiais.

Cabe destacar, portanto, que o fato de o trabalhador receber adicional de insalubridade ou periculosidade não lhe garante o direito a aposentadoria especial administrativamente. Todavia, pela via judicial, há possibilidade de reconhecimento do direito a aposentadoria especial devido a atividade insalubre ou perigosa, mesmo não sendo mencionada pelo regulamento da previdência, conforme entendimento consubstanciado na Súmula n. 198 do extinto Tribunal Federal de Recursos:

> Atendidos os demais requisitos, é devida a aposentadoria especial, se perícia judicial constata que a atividade exercida pelo segurado é perigosa, insalubre ou penosa, mesmo não inscrita em Regulamento.

## 6. Requerimento do benefício de aposentadoria especial/recursos

O benefício de aposentadoria especial deve ser requerido administrativamente junto ao setor de benefício do INSS. O pedido é instruído com os documentos exigidos pelo regulamento, especialmente o PPP ou os formulários SB-40, DISES-BE 5235, DSS-8030 e DIRBEN 8030, preenchidos com base no laudo técnico. O perito médico da Previdência Social realizará análise médico-pericial dos benefícios de aposentadoria especial, proferindo despacho conclusivo, conforme Anexo XI da IN n. 45/2010.

Quando o benefício é indeferido, o INSS comunica por escrito ao requerente, com o motivo pelo qual não foi atendida sua pretensão, que tem 30 dias para recorrer. Esse recurso é dirigido à junta de recursos do CRPS — Conselho de Recursos da Previdência Social —, um órgão colegiado, integrante da estrutura do Ministério da Previdência Social, que funciona como um tribunal administrativo. Dá decisão que conhece e nega o provimento, ou seja, quando considerar que a decisão do INSS é correta, o segurado poderá promover recurso especial às Câmaras de Julgamento.

A melhor maneira de obter o benefício de aposentadoria especial é por meio do processo administrativo, conforme procedimento sintetizado anteriormente. Para tanto, é importante que toda a documentação que instrui o processo seja elaborada com muito cuidado e critério técnico, especialmente o laudo técnico de comprovação da exposição a agentes agressivos à saúde ou à integridade física.

Após esgotadas as instâncias administrativas com indeferimento do benefício da aposentadoria especial, não significa que o trabalhador não consiga obter esse direito. Cabe destacar que a lei não excluirá da apreciação do Poder Judiciário lesão ou ameaça a direito (art. 5º, XXXV da CF/88). Desse modo, o trabalhador inconformado com a decisão administrativa do INSS poderá recorrer à justiça.

A competência para o julgamento das ações relativas ao benefício de aposentadoria especial é da Justiça Federal (MARTINEZ, 2007). Sendo assim, o trabalhador deverá ajuizar a ação perante essa justiça contra o INSS (Autarquia Federal). Para ingressar com essa ação, não é necessário o esgotamento da via administrativa. No entanto, os magistrados vêm entendendo que o segurado deve buscar o INSS antes de ingressar com ação na Justiça Federal (MARTINEZ, 2007).

Finalmente, é importante salientar que muitas vezes o trabalhador ingressa com ação na Justiça do Trabalho contra o empregador visando obter o benefício de aposentadoria especial. Ora, a Justiça do Trabalho é competente para julgar o direito aos adicionais de insalubridade e periculosidade. Todavia, a obtenção desse direito não implica na concessão da aposentadoria, devendo o trabalhador ingressar com ação adequada perante a Justiça Federal. No entanto, as provas produzidas na Justiça do Trabalho para caracterização ou de não insalubridade e periculosidade, especialmente a perícia, poderão ser utilizadas na ação que pleiteia o benefício de aposentadoria junto à Justiça Federal.

## 7. Aposentadoria especial do servidor público

O servidor público também tem direito a aposentadoria especial. O art. 40, § 4º da Constituição Federal dispõe:

> É vedada a adoção de requisitos e critérios diferenciados para a concessão de aposentadoria aos abrangidos pelo regime de que trata este artigo, ressalvados, nos termos definidos em leis complementares, os casos de servidores: (Redação dada pela Emenda Constitucional n. 47, de 2005)
>
> I – portadores de deficiência; (Incluído pela Emenda Constitucional n. 47, de 2005)
>
> II – que exerçam atividades de risco; (Incluído pela Emenda Constitucional n. 47, de 2005)
>
> III – cujas atividades sejam exercidas sob condições especiais que prejudiquem a saúde ou a integridade física. (Incluído pela Emenda Constitucional n. 47, de 2005

Essa regra se aplica aos servidores públicos municipais, estaduais e federais.

A Lei n. 8.112, que dispõe sobre o regime jurídico dos servidores civis da União, autarquias e das fundações públicas federais, estabelece o seguinte:

> **Dos Adicionais de Insalubridade, Periculosidade ou Atividades Penosas**
>
> Art. 68. Os servidores que trabalhem com habitualidade em locais insalubres ou em contato permanente com substâncias tóxicas, radioativas ou com risco de vida, fazem jus a um adicional sobre o vencimento do cargo efetivo.
>
> § 1º O servidor que fizer jus aos adicionais de insalubridade e de periculosidade deverá optar por um deles.
>
> § 2º O direito ao adicional de insalubridade ou periculosidade cessa com a eliminação das condições ou dos riscos que deram causa a sua concessão.
>
> Art. 69. Haverá permanente controle da atividade de servidores em operações ou locais considerados penosos, insalubres ou perigosos.
>
> Parágrafo único. A servidora gestante ou lactante será afastada, enquanto durar a gestação e a lactação, das operações e locais previstos neste artigo, exercendo suas atividades em local salubre e em serviço não penoso e não perigoso.
>
> Art. 70. Na concessão dos adicionais de atividades penosas, de insalubridade e de periculosidade, serão observadas as situações estabelecidas em legislação específica.
>
> Art. 71. O adicional de atividade penosa será devido aos servidores em exercício em zonas de fronteira ou em localidades cujas condições de vida o justifiquem, nos termos, condições e limites fixados em regulamento.
>
> Art. 72. Os locais de trabalho e os servidores que operam com Raios X ou substâncias radioativas serão mantidos sob controle permanente, de modo que as doses de radiação ionizante não ultrapassem o nível máximo previsto na legislação própria.

O art. 186 da Lei n. 8.113/91 trata da aposentadoria do servidor público federal. O § 2º desse artigo determina que nos casos de exercício de atividades consideradas insalubres ou perigosas, bem como nas hipóteses previstas no art. 71, a aposentadoria observará o disposto em lei específica.

Portanto, embora a aposentadoria especial dos servidores não tenha sido regulamentada até o momento, a nosso ver, as regras para caracterização do direito a aposentadoria especial deverão tomar como base a legislação trabalhista e previdenciária, a não ser que o estado, o município e a União estabeleçam lei específica dos critérios técnicos de caracterização da exposição a riscos à saúde e à integridade física de seus servidores. Aliás, o Supremo Tribunal Federal, em várias decisões, define que parâmetros alusivos à aposentadoria especial, enquanto não editada a lei exigida pelo texto constitucional, são aqueles contidos na Lei n. 8.213/91.[2]

Finalmente, o governo enviou para análise do Congresso regulamentação dos incisos I e III do § 4º do art. 40 da CF/88, que tratam da aposentadoria especial do servidor; e dois projetos de lei complementar regulamentando a aposentadoria especial do servidor público nos três níveis de governo: União, estados e municípios.

---

(2) EMBARGOS DECLARATÓRIOS — PRESTAÇÃO JURISDICIONAL. Os embargos declaratórios visam ao aperfeiçoamento da prestação jurisdicional, devendo, por isso mesmo, merecer compreensão por parte do órgão julgador. APOSENTADORIA ESPECIAL — SERVIDOR PÚBLICO — TRABALHO EM AMBIENTE INSALUBRE — PARÂMETROS. Os parâmetros alusivos à aposentadoria especial, enquanto não editada a lei exigida pelo texto constitucional, são aqueles contidos na Lei n. 8.213/91, não cabendo mesclar sistemas para, com isso, cogitar-se de idade mínima. (MI 758 ED / DF — DISTRITO FEDERAL EMB. DECL. NO MANDADO DE INJUNÇÃO. Relator(a): Min. MARCO AURÉLIO Julgamento: 8.4.2010 – Órgão Julgador: Tribunal Pleno)

EMENTA: MANDADO DE INJUNÇÃO. APOSENTADORIA ESPECIAL DO SERVIDOR PÚBLICO. Art. 40, § 4º, DA CONSTITUIÇÃO DA REPÚBLICA. AUSÊNCIA DE LEI COMPLEMENTAR A DISCIPLINAR A MATÉRIA. NECESSIDADE DE INTEGRAÇÃO LEGISLATIVA. 1. Servidor público. Investigador da polícia civil do Estado de São Paulo. Alegado exercício de atividade sob condições de periculosidade e insalubridade. 2. Reconhecida a omissão legislativa em razão da ausência de lei complementar a definir as condições para o implemento da aposentadoria especial. 3. Mandado de injunção conhecido e concedido para comunicar a mora à autoridade competente e determinar a aplicação, no que couber, do art. 57 da Lei n. 8.213/91. (MI 795 / DF — DISTRITO FEDERAL MANDADO DE INJUNÇÃO. Relator(a): Minª. CÁRMEN LÚCIA Julgamento: 18.12.2009 — Órgão Julgador: Tribunal Pleno)

# Capítulo II

## 1. Caracterização técnica da atividade especial

A caracterização do direito a aposentadoria especial é feita com base nos Regulamentos da Previdência Social. Atualmente, os agentes e as atividades passíveis de gerar o direito a esse benefício estão regulamentados no anexo IV do Decreto n. 3.048/99. Assim, o primeiro requisito a ser observado é o possível enquadramento do agente no quadro do referido Decreto. Os agentes passíveis de gerar o direito ao adicional de insalubridade são praticamente os mesmos, porém sua regulamentação encontra-se nas normas trabalhistas (CLT e NR 15 da Portaria n. 3.214/78). Cabe salientar, no entanto, que em certas situações as normas de enquadramento da atividade como especial conflitam com aquelas pertinentes à configuração da insalubridade, como será visto mais adiante. Até a revogação dos Decretos ns. 53.831/64 e 83.080/79, na maioria dos casos, a aposentadoria era caracterizada pelo método de avaliação qualitativa. Além disso, essas normas consideravam também o enquadramento por categoria profissional com a presunção de que o risco, ou seja, em tais ocupações, era inerente.

Atualmente, o quadro do anexo IV do Decreto n. 3.048/99 estabelece que os agentes físicos, químicos, biológicos e a associação de agentes ensejarão o direito a aposentadoria especial, quando a concentração ou intensidade superar os limites de tolerância.

A Lei n. 8.213/91 determina que o segurado deverá comprovar, além do tempo de trabalho, a exposição a agentes nocivos químicos, físicos, biológicos e associação de agentes prejudiciais à saúde ou à integridade física, pelo período equivalente ao exigido para a concessão do benefício (art. 58, § 4º — redação dada pela Lei n. 9.032 de 1995). Desse modo, tal comprovação exige avaliação da exposição ocupacional dos agentes ambientais passíveis de serem prejudiciais à saúde. Do ponto de vista legal, a NR 09 classifica os riscos ambientais em:

a) riscos físicos: ruído, calor, frio, vibração, radiação ionizante, radiação não ionizante, umidade excessiva e pressões anormais;

b) riscos químicos: poeiras, fumos, névoas, neblinas, gases ou vapores;

c) agentes biológicos: bactérias, fungos, bacilos, parasitas, protozoários, vírus, entre outros.

Cabe ressaltar, entretanto, que o enquadramento deve observar os regulamentos da Previdência, conforme o período de vigência destes, com o objetivo de verificar o enquadramento do agente e a avaliação quantitativa e qualitativa.

Portanto, a base para caracterização da atividade como especial é o enquadramento nos regulamentos da Previdência. No entanto, essa regra não é absoluta, pois, conforme comentado no capítulo II, a Súmula n. 198 do extinto Tribunal Federal de Recursos estabelece que, se a perícia judicial caracteriza a atividade como insalubre, perigosa ou penosa, o segurado têm direito a aposentadoria especial, mesmo que a atividade não conste do regulamento previdenciário.

Outro aspecto importante a ser destacado é a descaracterização do direito a aposentadoria especial pelo uso de equipamento de proteção coletiva ou individual.

A partir de 2.6.1998, a Ordem de Serviço n. 600 estabeleceu que, se o equipamento de proteção individual diminuir a intensidade do agente aos limites de tolerância, não caberá o direito ao benefício de aposentadoria especial.

Em 11.12.1998, a Lei n. 9.735 deu nova redação ao §1º do art. 5º da Lei n. 8.213/91, exigindo que haja no laudo técnico informação sobre proteção coletiva e individual que diminua a intensidade do agente agressivo aos limites de tolerância.

A instrução normativa vigente e suas modificações posteriores (IN n. 45/10, art. 238, § 6º) estabelecem que:

• Somente será considerada a adoção de Equipamento de Proteção Individual — EPI em demonstrações ambientais emitidas a partir de 3 de dezembro de 1998, e desde que comprovadamente elimine ou neutralize a nocividade e desde que respeitado o disposto na NR 06 do MTE e assegurada e devidamente registrada pela empresa, no PPP, a observância:

I – da hierarquia estabelecida no item 9.3.5.4 da NR 09 do MTE (medidas de proteção coletiva, medidas de caráter administrativo ou de organização do trabalho e utilização de EPI, nesta ordem, admitindo-se a utilização de EPI somente em situações de inviabilidade técnica, insuficiência ou interinidade à implementação do EPC ou, ainda, em caráter complementar ou emergencial);

II – das condições de funcionamento e do uso ininterrupto do EPI ao longo do tempo, conforme especificação técnica do fabricante, ajustada às condições de campo;

III – do prazo de validade, conforme Certificado de Aprovação do MTE;

IV – da periodicidade de troca definida pelos programas ambientais, comprovada mediante recibo assinado pelo usuário em época própria;

V – da higienização.

A seguir serão analisados os aspectos técnicos periciais da caracterização ou não da exposição ao risco para fins de aposentadoria especial. A análise será baseada no regulamento atual, Decreto n. 3.048/99, anexo IV, e instrução normativa n. 20 e suas alterações. Todavia, em alguns casos serão abordados os regulamentos anteriores para fins de interpretação e do direito adquirido.

## 1.1. Ruído

A aposentadoria especial por exposição a ruído é possivelmente a de maior ocorrência nos locais de trabalho. Todavia, até hoje seu enquadramento como especial gera controvérsias. Desde o primeiro regulamento do benefício de aposentadoria especial

(Decreto n. 53.831/64), o ruído possuía limite de tolerância e, portanto, sua avaliação exigia a quantificação de sua intensidade. Contudo, os limites de tolerância foram alterados ao longo do tempo, e muitas vezes, em tais períodos, foram conflitantes com os limites previstos nas normas para fins de caracterização do adicional de insalubridade.

Assim, a evolução dos limites de tolerância para ruído, no tempo, se deram assim:

80 dB(A) – Decreto n. 53.831/64;

90 dB(A) – Decreto n. 83.080/79;

90 dB(A) – Decreto n. 2.172/79 e Decreto n. 3.048/90.

NEN superior a 85 dB(A) — Decreto n. 4.882/03 alterou o Decreto n. 3.048/99.

A Súmula n. 32 da Turma Nacional de Uniformização da Jurisprudência dos Juizados Especiais Federais (JEFs), com relação à evolução dos limites de tolerância de ruído para fins de aposentadoria, firmou o seguinte entendimento:

> O tempo de trabalho laborado com exposição a ruído é considerado especial, para fins de conversão em comum, nos seguintes níveis: superior a 80 decibéis, na vigência do Decreto n. 53.831/64 e, a contar de 5 de março de 1997, superior a 85 decibéis, por força da edição do Decreto n. 4.882, de 18 de novembro de 2003, quando a administração pública que reconheceu e declarou a nocividade à saúde de tal índice de ruído.

Portanto, de acordo com o entendimento jurisprudencial, há somente dois limites de exposição para fins de aposentadoria: 80 dB(A) até 5.3.1997 e, após essa data, 85 dB(A).

## a) Avaliação ocupacional de ruído

A avaliação ocupacional de ruído é feita na curva de compensação "A" e na curva "C" ou linear, no caso de ruído de impacto.

Os Decretos ns. 53.831/64 e 83.080/79 estabeleciam os limites em dB, sem mencionar a curva de compensação ou ponderação. Todavia, as normas técnicas sobre avaliação ocupacional de ruído sempre preconizaram que as medições devem ser feitas nas curvas de compensação ou ponderação A, C ou linear. Aliás, a NR 15, desde sua edição, em 1978, estabeleceu a metodologia e os limites da forma mencionada. Portanto, a avaliação ocupacional do ruído, em todo período, deveria ser realizada com base nos níveis de ruído e tempo de exposição diária permitido.

As Instruções Normativas do INSS nos últimos anos determinam que os procedimentos de avaliação ocupacional de ruído devem ser feitos com base na NHO 1 da FUNDACENTRO, enquanto os limites de tolerância são os estabelecidos pela NR 15.

### Limites de tolerância

O Anexo 1 da NR 15 estabelece os limites de tolerância para ruído contínuo e intermitente conforme Tabela 1 a seguir.

**Tabela 1 — Limites de tolerância para ruído contínuo ou intermitente**

| NÍVEL DE RUÍDO dB(A) | MÁXIMA EXPOSIÇÃO DIÁRIA PERMISSÍVEL |
|---|---|
| 85 | 8 horas |
| 86 | 7 horas |
| 87 | 6 horas |
| 88 | 5 horas |
| 89 | 4 horas e 30 minutos |
| 90 | 4 horas |
| 91 | 3 horas e 30minuto |
| 92 | 3 horas |
| 93 | 2 horas e 40 minutos |
| 94 | 2 horas e 15 minutos |
| 95 | 2 horas |
| 96 | 1 hora e 40 minutos |
| 98 | 1 hora e 15 minutos |
| 100 | 1 hora |
| 102 | 45 minutos |
| 104 | 35 minutos |
| 105 | 30 minutos |
| 106 | 25 minutos |
| 108 | 20 minutos |
| 110 | 15 minutos |
| 112 | 10 minutos |
| 114 | 8 minutos |
| 115 | 7 minutos |

O item 6 do Anexo 1 da NR 15 determina que quando a exposição ao ruído durante a jornada é variável, devem ser considerados seus efeitos combinados, de forma que, se a soma das frações:

$$\frac{C_1}{T_1} + \frac{C_2}{T_2} + \frac{C_3}{T_3} + \cdots + \frac{C_n}{T_n}$$

exceder a unidade, a exposição estará acima do limite de tolerância.

Na equação anterior $C_n$ indica o tempo total em que o trabalhador fica exposto a um nível de ruído específico, e $T_n$ indica a máxima exposição diária permissível a este nível, segundo a Tabela 1.

Na maioria das situações encontradas na prática, a exposição do trabalhador ao ruído é variável durante a jornada de trabalho. Desse modo, as Instruções Normativas do INSS, desde 2001 (IN n. 57), exigem a avaliação por meio de dosimetria, devendo os valores ser registrados em histogramas. Além disso, os valores da dose e do Nível Equivalente de Ruído obtido devem ser representativos da exposição da jornada de trabalho. A Instrução Normativa atual (IN n. 45/10) determina que a avaliação do ruído para fins de aposentadoria especial deve tomar por base os limites da NR 15.

A NR 15 adotou o fator de duplicação igual a 5 dB(A), ou seja, a cada incremento de 5 dB(A), a dose é duplicada. Nesse critério, o Nível Equivalente de Ruído (*LEQ*) ou Nível de Exposição (*NE*) é obtido pela seguinte equação:

$$LEQ = 16{,}61 \log \frac{Dx8}{T} + 85$$

Onde: *D* é a dose de ruído correspondente ao tempo de medição;

*T* é o tempo de medição.

Para a dose projetada para 8 horas, o *LEQ* é calculado da seguinte forma:

simplificando a equação teremos:

*LEQ*= 16,61 *Log D* + 85

Exemplo:

Um trabalhador fica exposto aos seguintes níveis de ruído durante a jornada:

90 dB(A) ---------------- 1 hora

85 dB(A) ---------------- 2 horas

88 dB(A) ---------------- 1 hora

95 dB(A) ---------------- 1 hora

92 dB(A) ---------------- 2 horas

60 dB(A) ---------------- 1 hora

De acordo com a Tabela 1, os tempos máximos de exposição diário aos níveis obtidos são:

90 dB(A) ---------------- 4 horas

85 dB(A) ---------------- 8 horas

88 dB(A) ---------------- 5 horas

95 dB(A) ---------------- 2 horas

92 dB(A) ---------------- 3 horas

Com base nesses dados, a dose equivalente ou o efeito combinado é igual a:

$$D = \frac{1}{4} + \frac{2}{8} + \frac{1}{5} + \frac{1}{2} + \frac{2}{3} = 1{,}86$$

Com base nesse valor, o Nível Equivalente de Ruído (*LEQ*) para uma jornada de 8 horas é igual a:

*LEQ* = 16,61 *Log* 1,86 + 85 = 89,5 *dB(A)*

Com relação ao ruído de impacto, o critério de avaliação deve tomar como base a NHO 1 da FUNDACENTRO. Já os limites de tolerância da NR 15, anexo 2, estabelecem o nível de 120 dB(C). Contudo, essa norma não define o número de impactos dos respectivos níveis. A NHO 1 da FUNDACENTRO determina que o número de impacto em função do Nível de Pressão Sonora será em dB (linear), conforme tabela a seguir:

**Tabela 2 — Níveis de pico máximo admissíveis em função do número de impactos**

| $N_P$ | n | $N_P$ | n | $N_P$ | n |
|---|---|---|---|---|---|
| 120 | 10000 | 127 | 1995 | 134 | 398 |
| 121 | 7943 | 128 | 1584 | 135 | 316 |
| 122 | 6309 | 129 | 1258 | 136 | 251 |
| 123 | 5011 | 130 | 1000 | 137 | 199 |
| 124 | 3981 | 131 | 794 | 138 | 158 |
| 125 | 3162 | 132 | 630 | 139 | 125 |
| 126 | 2511 | 133 | 501 | 140 | 100 |

Fonte: Norma de Higiene Ocupacional — Procedimento Técnico — Avaliação da Exposição Ocupacional ao Ruído — NHO 1 — Ministério do Trabalho e Emprego — FUNDACENTRO — 1999.

Cabe salientar, ainda, que em 18.11.2003, o Decreto n. 4882 alterou o quadro do anexo IV do Decreto n. 3048/99, dispondo o seguinte:

| 2.0.1 | RUÍDO<br>a) exposição a Níveis de Exposição Normalizados (NEN) superiores a 85 dB(A). (Redação dada pelo Decreto n. 4.882, de 2003) | 25 ANOS |
|---|---|---|

Segundo NHO 1 da FUNDACENTRO, o *NEN* (Nível de Exposição Normalizado) corresponde ao nível de exposição, convertido para uma jornada padrão de 8 horas diárias, para fins de comparação com o limite de exposição. Esse nível, para o fator de duplicação da dose $q = 3$, é calculado conforme equação a seguir:

$$NEN = NE + 10\text{Log}\frac{TE}{480} \, dB$$

Onde:

NE = Nível médio de exposição ocupacional diária ou *LEQ*;

TE = Tempo de duração, em minutos, da jornada diária de trabalho.

Para o fator de duplicação da dose $q = 5$, a equação é a seguinte:

$$NEN = NE + 16{,}61\text{Log}\frac{TE}{480} \, dB$$

Exemplo:

Considerando o Nível Equivalente de Ruído do exemplo anterior, para jornada de 6 horas (360 minutos), o *NEN* é igual a:

$$NEN = 89{,}5 + 16{,}61 \, \text{Log}\frac{360}{480} = 87{,}42 \, dB(A)$$

## b) Neutralização do risco

O controle do ruído pode ser feito por meio de medidas coletivas (fonte e trajetória), administrativamente ou de organização do trabalho e pelo uso de EPI (protetor auricular).

O cálculo da atenuação pelo protetor auricular de forma a verificar a redução da intensidade a limites de tolerância pode ser feito objetivamente pelo seu fator de proteção. O certificado de aprovação do MTE fornece a atenuação em cada frequência e por um valor único NRRsf, conforme mostra a tabela 03.

### Tabela 3

| Frequência (Hz): | 125 | 250 | 500 | 1.000 | 2.000 | 3.150 | 4.000 | 6.300 | 8.000 | NRRsf |
|---|---|---|---|---|---|---|---|---|---|---|
| Atenuação (dB): | 6,1 | 13,3 | 19,1 | 29,9 | 33,4 | — | 33,7 | — | 30,3 | 18 |
| Desvio Padrão: | 2,8 | 1,7 | 2,5 | 1,8 | 2,3 | — | 2,9 | — | 6,1 | — |

Portanto, o cálculo da atenuação pode ser feito pelo método detalhado (análise de frequência) ou pelo valor único NRRsf. O cálculo da atenuação utilizando o método de valor único NRRsf é mais simples, pois basta subtrair o valor do nível de ruído obtido em dB(A) pelo valor fornecido no certificado de aprovação. Exemplo: NEN = 100 dB(A). Considerando o NRRsf igual a 18 dB, conforme Tabela 3. O valor atenuado com o uso do protetor auricular é igual a 100 − 18 = 82 dB(A).

O cálculo da atenuação pelo método detalhado exige a avaliação de ruído nas respectivas frequências estabelecidas no certificado de atenuação. Nesse caso, a atenuação do protetor ocorre de acordo com a tabela a seguir:

| Frequência em Hz | 125 | 250 | 500 | 1.000 | 2.000 | 4.000 | 8.000 |
|---|---|---|---|---|---|---|---|
| NPS em dB(A) | 77,5 | 80 | 89,5 | 90,5 | 88,5 | 90 | 90 |
| Atenuação Protetor | 6,1 | 13,3 | 19,1 | 29,9 | 33,4 | 33,7 | 30,3 |
| Desvio Padrão x2 | 5,6 | 3,4 | 5 | 3,6 | 4,6 | 5,8 | 12,2 |
| Atenuação Efetiva | 0,5 | 9,9 | 14,1 | 26,3 | 28,8 | 27,9 | 18,1 |
| NPS com uso do protetor | 77,0 | 70,1 | 75,4 | 64,2 | 59,7 | 62,1 | 71,9 |
| Atenuação Global com uso do protetor | 80,6 dB(A) | | | | | | |

Nesse método, subtrai-se dois desvios padrão da atenuação média para se obter a confiabilidade de 98% de certeza para situação específica (GERGES, 2003, p. 82). Os valores do Nível de Pressão Sonora em dB(A) menos a atenuação efetiva é o nível atenuado com o uso do protetor. O valor global da atenuação é obtido pela soma logarítmica desses valores.

Quando o protetor auricular for capaz de diminuir a intensidade a níveis abaixo do limite de tolerância, conforme os cálculos mencionados, segundo as normas previdenciárias, não caberá o direito a aposentadoria especial. Contudo, do ponto de vista jurídico o entendimento é contrário. A turma de uniformização de jurisprudência dos Juizados Especiais Federais (JEFs) por meio da Súmula n. 09, firmou o seguinte entendimento:

> O uso do Equipamento de Proteção Individual — EPI — ainda que elimine a insalubridade, no caso de exposição a ruído, não descaracteriza o tempo de serviço especial prestado.

## 1.2. Calor

O quadro IV do Decreto n. 3.048/99 dispõe:

| | AGENTES FÍSICOS | |
|---|---|---|
| 2.0.0 | Exposição acima dos limites de tolerância especificados ou às atividades descritas. | |
| 2.0.4 | **TEMPERATURAS ANORMAIS**<br>a) trabalhos com exposição ao calor acima dos limites de tolerância estabelecidos na NR 15, da Portaria n. 3.214/78. | 25 ANOS |

A instrução normativa n. 45/10 determina que a exposição ocupacional a temperaturas anormais, oriundas somente de fontes artificiais, dará ensejo à aposentadoria especial. Ademais, essa instrução estabelece também que os limites de tolerância para o calor são aqueles definidos no Anexo 3 da NR 15 do Ministério do Trabalho e Emprego — MTE, devendo ser avaliado segundo as metodologias e os procedimentos adotados pela NHO 6 da FUNDACENTRO para períodos trabalhados a partir de 18.11.2003.

Para esse agente, o Anexo IV do Decreto n. 3.048/99 não menciona nenhuma atividade com possível exposição ao calor. O pressuposto para caracterização da atividade como especial é a exposição ao calor acima do limite de tolerância.

A NR 15, Anexo 3, adotou o IBUTG — Índice de Bulbo Úmido Termômetro de Globo — para avaliação da exposição ocupacional ao calor, conforme transcrição a seguir.

1 – A exposição ao calor deve ser avaliada através do "Índice de Bulbo Úmido Termômetro de Globo" (IBUTG) definido pelas equações que seguem:

Ambientes internos ou externos sem carga solar:

$IBUTG = 0,7\ tbn + 0,3\ tg$

Ambientes externos com carga solar:

$IBUTG = 0,7\ tbn + 0,1\ tbs + 0,2\ tg$

Onde:

$tbn$ = temperatura de bulbo úmido natural;

$tg$ = temperatura de globo;

$tbs$ = temperatura de bulbo seco.

2 – Os aparelhos que devem ser usados nesta avaliação são: termômetro de bulbo úmido natural, termômetro de globo e termômetro de mercúrio comum.

3 – As medições devem ser efetuadas no local onde permanece o trabalhador, à altura da região do corpo mais atingida.

Limites de tolerância para exposição ao calor, em regime de trabalho intermitente com períodos de descanso no próprio local de prestação de serviço.

1 – Em função do índice obtido, o regime de trabalho intermitente será definido no Quadro 1.

**Quadro 1**

| REGIME DE TRABALHO INTERMITENTE COM DESCANSO NO PRÓPRIO LOCAL DE TRABALHO (POR HORA). | TIPO DE ATIVIDADE – IBUTG EM °C | | |
|---|---|---|---|
| | LEVE | MODERADA | PESADA |
| Trabalho contínuo. | até 30 | até 26,7 | até 25 |
| 45 minutos de trabalho. 15 minutos de descanso | 30,1 a 30,6 | 26,8 a 28 | 25,1 a 25,9 |
| 30 minutos de trabalho. 30 minutos de descanso. | 30,7 a 31,4 | 28,1 a 29,4 | 26,0 a 27,9 |
| 15 minutos de trabalho. 45 minutos de descanso. | 31,5 a 32,2 | 29,5 a 31,1 | 28,0 a 30 |
| Não é permitido o trabalho sem a adoção de medidas de controle. | acima de 32,2 | acima de 31,1 | acima de 30 |

2 – Os períodos de descanso serão considerados tempo de serviço para todos os efeitos legais.

3 – A determinação do tipo de atividade (leve, moderada ou pesada) é feita consultando-se o Quadro 3.

Limites de tolerância para exposição ao calor, em regime de trabalho intermitente com período de descanso em outro local (de descanso)

1 – Para os fins deste item, considera-se como local de descanso ambiente termicamente mais ameno, com o trabalhador em repouso ou exercendo atividade leve.

2 – Os limites de tolerância são dados segundo o Quadro 2.

**Quadro 2**

| M (Kcal/h) | MÁXIMO IBUTG (°C) |
|---|---|
| 175 | 30,5 |
| 200 | 30 |
| 250 | 28,5 |
| 300 | 27,5 |
| 350 | 26,5 |
| 400 | 26 |
| 450 | 25,5 |
| 500 | 25 |

Onde: MM é a taxa de metabolismo média ponderada para uma hora, determinada pela seguinte fórmula:

$$\overline{MM} = \frac{M_t \times T_t - M_d \times T_d \, M_t \times T_t - M_d \times T_d}{60 \quad 60}$$

Sendo:

$M_t$ = taxa de metabolismo no local de trabalho;

$T_t$ = soma dos tempos, em minutos, em que se permanece no local de trabalho;

$M_d$ = taxa de metabolismo no local de descanso;

$T_d$ = soma dos tempos, em minutos, em que se permanece no local de descanso.

$\overline{IBUTG}$ é o valor IBUTG médio ponderado para uma hora determinado pela seguinte fórmula:

$$\overline{IBUTG} = \frac{IBUTG_t \times T_t - IBUTG_d \times T_d \, ;IBUTG_t \times T_t - IBUTG_d \times T_d}{60 \quad\quad 60}$$

Sendo:

$IBUTG_t$ = valor do IBUTG no local de trabalho;

$IBUTG_d$ = valor do IBUTG no local de descanso;

$T_t$ e $T_d$ = como anteriormente definidos.

Os tempos $T_t$ e $T_d$ devem ser tomados no período mais desfavorável do ciclo de trabalho, sendo $T_t + T_d = 60$ minutos corridos.

As taxas de metabolismo $M_t$ e $M_d$ serão obtidas consultando-se o Quadro 3.

Os períodos de descanso serão considerados tempo de serviço para todos os efeitos legais.

## Quadro 3

| TIPO DE ATIVIDADE | Kcal/h |
|---|---|
| **SENTADO EM REPOUSO** | 100 |
| **TRABALHO LEVE:** | |
| Sentado, movimentos moderados com braços e tronco (Ex.: datilografia). | 125 |
| Sentado, movimentos moderados com braços e pernas (Ex.: dirigir). | 150 |
| De pé, trabalho leve, em máquina ou bancada, principalmente com os braços. | 150 |
| **TRABALHO MODERADO:** | |
| Sentado, movimentos vigorosos com braços e pernas. | 180 |
| De pé, trabalho leve em máquinas ou bancada, com alguma movimentação. | 175 |
| De pé, trabalho moderado em máquina ou bancada, com alguma movimentação. | 220 |
| Em movimento, trabalho moderado de levantar ou empurrar. | 300 |
| **TRABALHO PESADO:** | |
| Trabalho intermitente de levantar, empurrar ou arrastar pesos (Ex.: remoção com a pá). | 440 |
| Trabalho fatigante. | 550 |

A avaliação da exposição ao calor de acordo com o índice de Bulbo Úmido Termômetro de Globo — IBUTG é feita utilizando o termômetro de bulbo úmido, termômetro de globo e termômetro de bulbo seco. Esses termômetros podem ser de mercúrio ou similar e devem ser montados em tripé na altura da parte do corpo mais atingida pelo calor. Outra alternativa é o uso de medidor eletrônico, em que os termômetros comuns são substituídos por termopares. A instrução normativa vigente determina que a avaliação desse agente deverá ser feita com base nas normas de higiene ocupacional da FUNDACENTRO. A NHO 6 estabelece os procedimentos de avaliação, a especificação dos termômetros, os conceitos e as definições técnicas aplicadas à avaliação ocupacional da exposição ao calor.

A Instrução Normativa vigente (IN n. 45/10) estabelece que somente a exposição ao calor oriundo de fontes artificiais dará ensejo a aposentadoria especial. Essa regra também era prevista nos Decretos ns. 53.831/64 e 83.080/79.

Do ponto de vista técnico, não há razão para restringir o direito à aposentadoria especial por calor apenas em exposição a fontes artificiais. Além disso, as normas técnicas pertinentes, inclusive a NR 15, Anexo 3 e a NHO 6, não fazem restrição à exposição ao calor, a nenhum tipo de fonte, local aberto ou fechado. Aliás, na exposição ao calor em locais externos com carga solar, a avaliação do índice de IBUTG inclui também a medição com o termômetro de bulbo seco.

Acrescente-se, ainda, que o índice IBUTG foi desenvolvido por Yaglou y Minard em 1957, para controlar a exposição dos militares da marinha dos EUA em manobras (MARTINEZ,1981). Desse modo, a nosso ver, não há razão para não considerar a exposição ao calor em fontes naturais na avaliação visando a apuração do possível direito a aposentadoria especial. Todavia, administrativamente o órgão competente da Previdência irá indeferir o pedido, mesmo com o IBUTG acima do limite de tolerância e, nesse caso, o trabalhador poderá obter o reconhecimento ao benefício somente por via judicial. Do ponto de vista de insalubridade, o Tribunal Superior do Trabalho firmou entendimento admitindo o adicional de insalubridade quando a exposição ao calor superar o limite de tolerância.[3]

É importante salientar, no entanto, que a avaliação do calor a céu aberto deve ser realizada de forma bem criteriosa, em diversos horários e meses do ano. A variação do IBUTG é grande em função da época do ano, do horário e das regiões do país.

A NR 15, Anexo 3, estabelece dois quadros de limites: Quadro 1 — sem local de descanso e Quadro 2 — com local de descanso definido. Quando não há local de descanso, a avaliação é feita da seguinte forma: medir o IBUTG e avaliar o tipo de atividade (leve, moderada ou pesada), conforme Quadro 3 da norma. Com esses dados, verificar a conformidade com o limite do Quadro 1.

Quando há local de trabalho definido, o IBUTG deve ser avaliado no local de trabalho e descanso, bem como deve-se estimar o metabolismo e o tempo nesses locais. Com esses dados calcula-se a média ponderada, o metabolismo e o IBUTG, conforme determina o Anexo 3, NR 15. Esses valores são comparados com os limites do Quadro 2.

Cabe salientar que, segundo o Anexo 3 da NR 15, o local de descanso é definido como local termicamente mais ameno, onde o trabalhador deve permanecer em repouso após exercer atividade leve. O exemplo a seguir mostra a avaliação nas duas situações, ou seja, sem e com local de descanso.

---

(3) Orientação Jurisprudencial 173/TST: EXPOSIÇÃO AO SOL E AO CALOR.

I – Ausente previsão legal, indevido o adicional de insalubridade ao trabalhador em atividade a céu aberto por sujeição à radiação solar (art. 195 da CLT e Anexo 7 da NR 15 da Portaria n. 3.214/78 do MTE).

II – Tem direito à percepção ao adicional de insalubridade o empregado que exerce atividade exposto ao calor acima dos limites de tolerância, inclusive em ambiente externo com carga solar, nas condições previstas no Anexo 3 da NR 15 da Portaria n. 3.214/78 do MTE.

Exemplo 1:

Um trabalhador fica exposto continuamente junto a um forno (sem local de descanso) durante duas horas. Na avaliação do calor no local, foram obtidos os seguintes dados:

— Temperatura de bulbo úmido natural (tbn) = 25 °C

— Temperatura de globo (tg) = 40 °C

— Ambiente interno sem carga solar

— Tipo de atividade: em movimento, trabalho moderado de levantar ou empurrar

IBUTG = 0,7 x 25 + 0,3 x 40 = 29,5 °C.

Tipo de atividade: moderada (Quadro 3, Anexo 3, NR 15).

Segundo o Quadro 1, Anexo 3, NR 15, para atividade pesada e IBUTG = 29,5 °C, não é permitido o trabalho sem a adoção de medidas de controle. Sendo assim, a atividade é considerada especial.

Exemplo 2:

Supondo que fosse instalado um local de descanso com IBUTG = 24 °C, onde o trabalhador permanecesse sentado durante vinte minutos a cada hora. Nesse caso temos:

a) Local de trabalho

IBUTG = 29,5 °C

Metabolismo = 300 Kcal/h (Quadro 3, Anexo 3, NR 15)

Tempo = 40 minutos

b) Local de descanso

IBUTG = 24,0°C

Metabolismo = 100 Kcal/h (quadro 03, anexo 03, NR 15)

Tempo = 20 minutos

Assim, o $\overline{IBUTG}$ e $\overline{MM}$ são:

$$\overline{IBUTG} = \frac{31,5 \times 40 - 24,5 \times 20}{60} = 27,7°C \quad \frac{31,5 \times 40 - 24,5 \times 20}{60} = 27,7°C$$

$$\overline{MM} = \frac{300 \times 40 - 100 \times 20}{60} = 250 Kcal/h \quad \frac{300 \times 40 - 100 \times 20}{60} = 250 Kcal/h$$

Segundo o Quadro 2, para $\overline{MM}$ = 250 Kcal/h, o máximo $\overline{IBUTG}$ permitido é de 28,5 °C. Como a exposição apresentou $\overline{IBUTG}$ = 27,7 °C, o limite de tolerância não foi ultrapassado, e, portanto, a atividade não é considerada insalubre.

O controle da exposição ao calor é feito somente por meio de medidas coletivas, administrativas ou de organização do trabalho. As pausas em local adequado para descanso, muitas vezes, podem ser a solução no controle da exposição.

O controle por meio de Equipamento de Proteção Individual não ocorre, pois não é possível determinar se este reduz a intensidade do calor a níveis abaixo dos limites de tolerância, conforme prevê o art. 58 da Lei n. 8.213/91. Os EPI's (blusões e mangas), muitas vezes, podem até prejudicar as trocas térmicas entre o organismo e o ambiente

## 1.3. Vibração

O anexo IV do Decreto n. 3.048/99 dispõe:

| | | |
|---|---|---|
| 2.0.0 | **AGENTES FÍSICOS**<br>Exposição acima dos limites de tolerância especificados ou às atividades descritas. | |
| 2.0.2 | **VIBRAÇÕES**<br>a) Trabalhos com perfuratrizes e marteletes pneumáticos. | 25<br>ANOS |

Nas operações com perfuratrizes e marteletes, o Decreto não estabelece nem menciona os limites de tolerância a serem utilizados. No entanto, ao utilizar a conjunção "ou" para atividades descritas — trabalhos com marteletes pneumáticos e perfuratrizes —, pode-se concluir que, nesses casos, não há necessidade de realizar a avaliação quantitativa da vibração, ou seja, as atividades com marteletes pneumáticos e perfuratrizes geram o direito a aposentadoria especial, independente de a intensidade da vibração superar o limite.

Nas demais atividades com exposição ocupacional a vibração, a Instrução Normativa vigente uniformizou o procedimento com a NR 15 da Portaria n. 3.214/78 ao determinar que a exposição a vibração dará ensejo a aposentadoria especial quando forem ultrapassados os limites de tolerância definidos pela Organização Internacional para Normalização — ISO, em suas normas ISO n. 2.631 e ISO/DIS n. 5.349, respeitando-se as metodologias e os procedimentos de avaliação que elas autorizam.

A norma ISO n. 2.631 define os procedimentos de avaliação da vibração de corpo inteiro, enquanto a ISO/DIS n. 5.349 trata da vibração ocupacional localizada ou de mão e braço.

### a) Vibração de corpo inteiro

Como visto, a norma ISO 2.631-1:1997/alteração em 2010, define o critério de avaliação da exposição ocupacional a vibração de corpo inteiro. A maior dificuldade em avaliar esse agente é a falta de um limite certo e determinado pela norma. Sendo assim, é necessária análise e interpretação técnica adequada dessas normas, bem como fundamentação do parecer sobre a caracterização ou da atividade como especial.

A exposição ocupacional à vibração de corpo inteiro pode ocorrer em equipamentos e veículos móveis, tais como caminhões, tratores, guindastes, ônibus, entre outros. A referida norma foi modificada em 1997 e 2010. De forma sintetizada, a norma define os seguintes parâmetros na avaliação desse tipo de vibração:

— A avaliação da vibração deve ser feita por meio da aceleração ponderada nas frequências, vez que a resposta dos indivíduos a esse agente não é igual em todas as frequências.

— A aceleração deve ser medida nos três eixos ortogonais, conforme mostra a Figura 3.

**Figura 1 — Direções das vibrações**

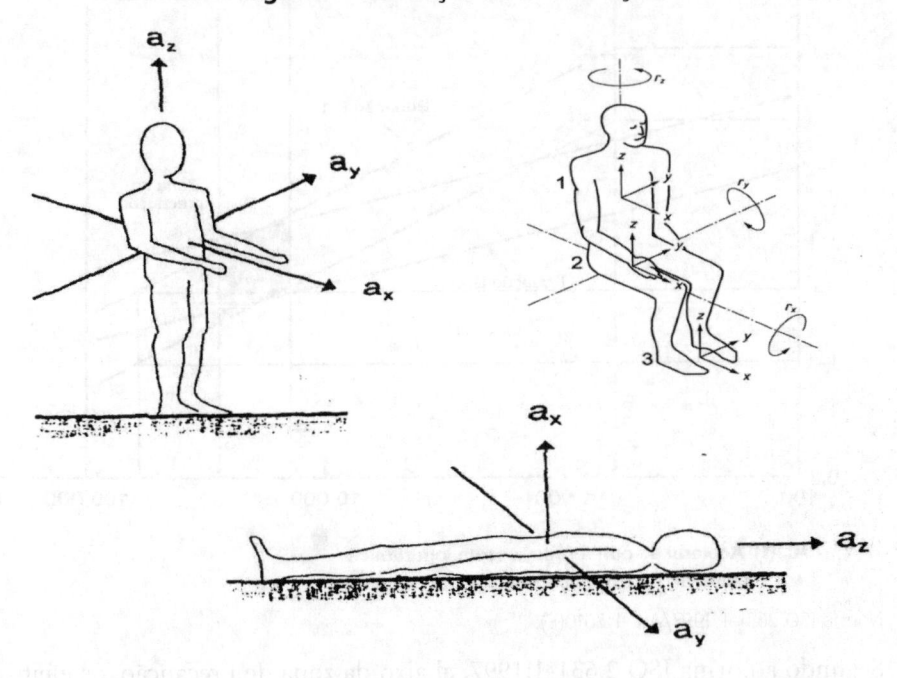

Fonte: ISO 2631:1-1997/alteração 2010.

— A norma ISO 2.631 determina que a aceleração ponderada nas frequências deve ser medida em cada um dos eixos (x, y e z) da vibração translacional na superfície que suporta o indivíduo (Norma ISO 2631-1:1997, item 7.2.1, p. 13).

— A avaliação do efeito da vibração sobre a saúde deve ser feita independetemente em cada eixo, devendo ser considerado o maior valor das acelerações ponderadas nas frequências medidas nos três eixos do assento (Norma ISO 2.631-1:1997 alterada em 2010, item 7.2.4, p. 13).

— O item 6.5 da ISO 2.631-1;1997 estabelece que o uso da aceleração total (vetor soma) é recomendado para conforto. Na nota 2 desse mesmo item, a norma menciona que o valor total de vibração ou o vetor soma também foi proposto para avaliação com relação à saúde e segurança, quando não há qualquer eixo dominante. De acordo com a ISO 2.631-1:1997, a aceleração da soma dos três é obtida por meio da seguinte equação:

$$A_t = \sqrt{(1,4 \cdot A_{wx})^2 + (1,4 A_{wy})^2 + (A_{wz})^2}$$

Com relação ao limite de tolerância, a norma ISO 2.631-1:1997, com alteração em 2010, em seu Anexo b, fornece um guia de efeitos à saúde em função do tempo de exposição da jornada e a aceleração ponderada na frequência, conforme Figura 4 (Figura B.1 da guia).

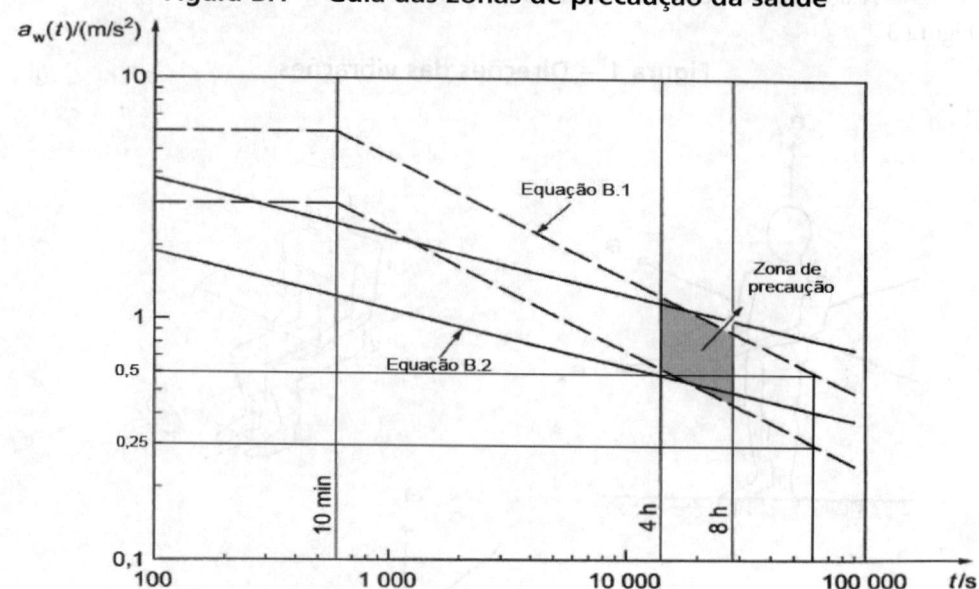

**Figura B.1 — Guia das zonas de precaução da saúde**

Fonte: Norma ISO 2631-1:1997/Alt. 1:2010(E).

Segundo a norma ISO 2.631-1:1997, abaixo da zona de precaução, os efeitos à saúde não tem sido claramente documentados; dentro da zona de precaução, deve-se ter cautela em relação ao riscos potenciais à saúde; acima dessa zona, os riscos à saúde são prováveis.

Em 2010, com a alteração da norma ISO 2.631, os valores que delimitam a zona de precaução, nas linhas tracejadas (equação B.1), são 3 m/s² e 6 m/s² para exposição de menos de dez minutos, e 0,25 m/s² e 0,5 m/s² para 24 horas. Com esses dados fornecidos, pode-se obter o valor exato das acelerações que delimitam a zona de precaução na equação B.1, para 8 horas de exposição. De acordo com a norma ISO 2.631-1:1997, a equação B.1, 2ª potência, é expressa da seguinte forma:

$$a_{w1} \cdot T_1^{\frac{1}{2}} = a_{w2} T_2^{\frac{1}{2}} \text{ ou } a_{w1} \cdot \sqrt{T_1} = a_{w1} \cdot \sqrt{T_2}$$

$$a_{w1} \cdot T_1^{\frac{1}{2}} = a_{w2} T_2^{\frac{1}{2}} \text{ ou } a_{w1} \cdot \sqrt{T_1} = a_{w1} \cdot \sqrt{T_2}$$

Onde:

$a_w$ = acelerações ponderadas r.m.s;

T = duração da exposição correspondentes.

Considerando-se o valor da aceleração de 0,25 m/s² e duração de 24 horas, para 8 horas, o valor da aceleração é igual a:

$$0{,}25\sqrt{24} = a(8)\sqrt{8}$$

$$a(8) = \frac{0{,}25\sqrt{24}}{\sqrt{8}} = 0{,}43 m/s^2$$

Para o valor de aceleração de 0,5 m/s² e duração de 24 horas, aplica-se a mesma equação e obtém-se o seguinte valor para a(8):

$$a(8) = \frac{0{,}50\sqrt{24}}{\sqrt{8}} = 0{,}86 \ m/s^2$$

Portanto, para oito horas de exposição, a zona de precaução está contida entre os valores de aceleração de 0,43 e 0,86 m/s².

A NHO 9 recomenda valores de referência para avaliação da exposição ocupacional a vibração de corpo inteiro:

— Nível de ação: aceleração normalizada (aren) de 0,50 m/s² e Valor de Dose de Vibração Resultante(VDVR) de 9,1 m/s$^{1,75}$.

— Limite de exposição ocupacional diária: aceleração resultante de exposição normalizada (aren) de 1,1 m/s² e Valor de Dose de Vibração Resultante (VDVR) de 21 m/s$^{1,75}$.

A NHO 9 recomenda comparar a soma dos três eixos (X, Y, Z) com o valor de referência.

### b) Vibração localizada ou de mão e braço

A norma ISO 5.349, modificada em 2001, estabelece critério de avaliação da vibração localizada ou de mão e braço. Da mesma forma que a vibração de corpo inteiro, esse tipo de vibração também ocorre em eixos, conforme a Figura 3 a seguir:

**Figura 3 — Direção dos eixos, conforme norma ISO 5.349:2001**

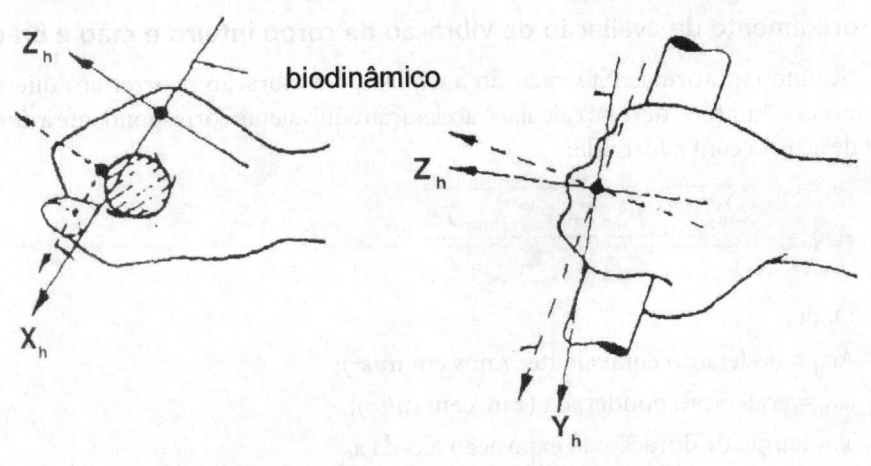

A norma ISO 5.349:2001 recomenda realizar a medição da vibração nos eixos (X, Y e Z), devendo ser considerado o valor da soma dos três eixos. De acordo com a referida norma, o vetor soma das acelerações para vibração de mão e braço é determinado pela seguinte equação:

$$As = \sqrt{a_x^2 + a_y^2 + a_z^2}$$

Da mesma maneira que a vibração de corpo inteiro, os indivíduos não respondem de forma idêntica em todas as frequências. Por essa razão, a norma ISO 5.349:2001 determina que a avaliação deve ser feita por meio de aceleração ponderada nas frequências.

Entretanto, a norma não define limite de tolerância fixo, ou seja, determina o tempo em anos em que 10% dos indivíduos expostos podem contrair síndrome do dedo branco em função do valor da aceleração ponderada, conforme mostra o Quadro 4 a seguir:

**Quadro 4**

| $D_y$, anos | 1 | 2 | 4 | 8 |
|---|---|---|---|---|
| A(8), m/s² | 26 | 14 | 7 | 3,7 |

Portanto, a análise e interpretação dos resultados com base nesse estudo sugerido pela norma ISO 5.349:2001 dificulta a conclusão pela definição do direito ou não a aposentadoria especial por esse agente. No entanto, na avaliação da exposição ocupacional de mão e braço, pode-se tomar como base os limites de referência da NHO 10 da FUNDACENTRO. Essa norma recomenda os valores de referência para nível de ação e limite de exposião ocupacional diária:

– 2,5 m/s² – nível de ação.

– 5 m/s² – limite de exposição para jornada de 8 horas.

De acordo com a NHO 10, o valor a ser comparado com o limite é a soma dos três eixos.

## c) Procedimento de avaliação de vibração de corpo inteiro e mão e braço

Segundo as normas ISO, quando a exposição à vibração ocorrer em diferentes acelerações e durações, deve-se calcular a aceleração equivalente correspondente à duração total de acordo com a fórmula:

$$Aeq = \sqrt{\frac{a_{w1}^2 T_1 + a_{w2}^2 T_2 + \cdots a_{wn}^2 T^n}{t_1 + t_2 \ldots t_n}}$$

Onde:

Aeq = aceleração equivalente (r.m.s em m/s²);

$a_{wn}$ = aceleração ponderada (r.m.s em m/s²);

T = tempo de duração da exposição a cada $a_w$

Portanto, na avaliação ocupacional da vibração deve-se determinar a aceleração e o respectivo tempo de exposição em todas as situações do ciclo de trabalho. Em seguida, com esses dados deverá ser calculada a aceleração equivalente. Todavia, em muitos casos, pode ser efetuada a medição durante todo o ciclo, pois o medidor de vibração fornece o valor de Aeq durante todo período avaliado. Exemplo: trajeto de um ônibus urbano do centro da cidade até o bairro. É importante destacar que quanto maior o tempo de medição da vibração, mais exata será a caracterização da exposição.

Com o valor da aceleração equivalente Aeq, deve ser feito com o cálculo da exposição diária A(8), expressa como aceleração equivalente para uma jornada de oito horas conforme equação:

$$A(8) = Aeq \sqrt{\frac{T}{8}}$$

Onde:

Aeq = valor equivalente resultante das variações das acelerações no período da medição (ciclo de medição);

T = tempo de duração da exposição durante a jornada de trabalho.

Assim, se a exposição à vibração durante a jornada for maior ou menor que oito horas, deve-se comparar com o limite o valor de A(8) ou da aceleração resultante de exposição normalizada (aren), conforme NHO 9 e 10.

### d) Análise e interpretação dos dados

Como visto anteriormente, as normas ISO não definem limites de exposição ocupacional para vibração. Para o corpo inteiro, a norma ISO 2.631-1:1997/Alt 2010 fornece uma guia onde é delimitada zona de precaução com o possível risco. Esses valores estão compreendidos entre 0,43 e 0,86 m/s². Acima de 0,86 m/s², essa norma menciona que os riscos à saúde são prováveis. A norma ISO 5.349:2001 fornece um percentual da ocorrência da síndrome do dedo branco, em função da aceleração normalizada para oito horas — A(8) e os anos de exposição (ver Quadro 4). As normas NHO 9 e 10 da FUNDACENTRO recomendam os limites de exposição ocupacional de 1,1 m/s² e 5 m/s² para vibração de corpo inteiro e mão e braço, respectivamente.

Considerando que as normas NHO 9 e 10 foram emanadas de órgão público especializado e referência nacional e internacional em matéria de segurança e saúde do trabalhador (FUNDACENTRO); considerando que as normas ISO 2.631-1:1997/Alt. 2010 e ISO 5.349:2001 não estabelecem limites de exposição para vibração, no meu entendimento, as normas da FUNDACENTRO podem ser aplicadas nas perícias visando a caracterização ou não do direito à aposentadoria especial. Aliás, as instruções normativas do INSS remetem à aplicação das normas da FUNDACENTRO e aos procedimentos e metodologias de avaliação para a maioria dos agentes.

Todavia, a nosso ver, a melhor solução seria o Ministério de Trabalho ou o Regulamento da Previdência definir o limite de tolerância para esse agente.

Cabe ressaltar, no entanto, que, conforme comentado anteriormente, pela interpretação do quadro do Anexo IV do Decreto n. 3.048/99, para as atividades com martelete e perfuratrizes não há necessidade de avaliação qualitativa, pois essa norma considera o direito à aposentadoria especial inerente à atividade.

O controle da exposição à vibração é feito somente por meio de medidas coletivas, administrativas ou de organização do trabalho. A limitação do tempo de exposição, muitas vezes, pode ser a solução adequada e menos onerosa.

A neutralização por meio de EPI não é possível, especialmente no caso de vibração de corpo inteiro. Para a vibração de mão e braço existem luvas antivibratórias, aprovadas pelo MTE, para o controle desse tipo de vibração. Todavia, não há parâmetro técnico, como no caso do ruído, que permite afirmar objetivamente a redução da aceleração a níveis abaixo do limite de tolerância com o uso do referido EPI.

## 1.4. Radiações ionizantes

O Anexo IV do Decreto n. 3.048/99 estabelece como especiais as atividades listadas no código 2.0 conforme transcrição as seguir:

| | RADIAÇÕES IONIZANTES | |
|---|---|---|
| 2.0.3 | a) extração e beneficiamento de minerais radioativos; | 25 ANOS |
| | b) atividades em minerações com exposição ao radônio; | |
| | c) realização de manutenção e supervisão em unidades de extração, tratamento e beneficiamento de minerais radioativos com exposição às radiações ionizantes; | |
| | d) operações com reatores nucleares ou com fontes radioativas; | |
| | e) trabalhos realizados com exposição aos raios Alfa, Beta, Gama e X, aos nêutrons e às substâncias radioativas para fins industriais, terapêuticos e diagnósticos; | |
| | f) fabricação e manipulação de produtos radioativos; | |
| | g) pesquisas e estudos com radiações ionizantes em laboratórios. | |

Examinando a aposentadoria especial devido a esses agentes, verifica-se que a interpretação é idêntica ao caso da vibração de martelete e perfuratriz, ou seja, nas atividades mencionadas não há necessidade de avaliação quantitativa, vez que o *caput* do Anexo IV do Decreto n. 3.048/99 estabelece que a aposentadoria especial por agentes físicos ocorrerá quando a intensidade superar os limites ou as atividades especificadas.

Nas atividades não relacionadas, a caracterização do direito a aposentadoria especial ocorrerá quando a intensidade superar o limite de tolerância.

De acordo com a IN n. 45/10, a exposição ocupacional a radiações ionizantes dará ensejo à aposentadoria especial quando forem ultrapassados os limites de tolerância estabelecidos no Anexo 5 da NR 15 do MTE.

> Parágrafo único. Quando se tratar de exposição ao raio X em serviços de radiologia, deverá ser obedecida a metodologia e os procedimentos de avaliação constantes na NHO-05 da FUNDACENTRO; para os demais casos, aqueles constantes na Resolução CNEN-NE-3.01.

O Anexo 5 da NR 15 determina que nas atividades ou operações em que os trabalhadores ficam expostos a radiações ionizantes, os limites de tolerância, os princípios, as obrigações e os controles básicos para proteção do homem e do meio ambiente contra possíveis efeitos indevidos causados pela radiação ionizante são os constantes da norma CNEN-NE- 3.01: "Diretrizes Básicas de Radioproteção", de julho de 1988, aprovada, em caráter experimental, pela Resolução CNEN n. 12/88, ou daquela que venha a substituí-la.

Desse modo, para as atividades não mencionadas no quadro do Decreto n. 3.048/99, Anexo IV, a caracterização do risco deverá ser feita com base nos limites da norma CNEN. No entanto, nesse caso, devido à natureza do risco da exposição a esse tipo de radiação, quando a intensidade superar o limite, o empregador deverá adotar medidas imediatas, de forma a eliminar a exposição ao risco. Aliás, a referida norma determina que devem ser relatadas imediatamente ao CNEN as situações em que os níveis de dose especificados para fins de notificação forem atingidos (norma CNEN-NE-3.01, subitem 5.7.8).

### 1.5. Pressão atmosférica anormal

O Anexo IV do Decreto n. 3.048 8/99 dispõe:

| | PRESSÃO ATMOSFÉRICA ANORMAL | |
|---|---|---|
| 2.0.5 | a) trabalhos em caixões ou câmaras hiperbáricas;<br>b) trabalhos em tubulões ou túneis sob ar comprimido;<br>c) operações de mergulho com o uso de escafandros ou outros equipamentos. | 25 ANOS |

A aposentadoria especial devido a pressão atmosférica anormal é presumida nas atividades relacionadas no quadro.

A NR 15 da Portaria n. 3.214/78 considera os trabalhos em pressão anormal também devido a atividades desenvolvidas nessas condições.

Portanto, nesse caso, não se aplica a regra da intensidade superar o limite, conforme determina o código 2.0.0 do quadro do Anexo IV do Decreto n. 3.048/99. Cabe ressaltar, ainda, que as atividades mencionadas, a nosso ver, não podem ser consideradas exaustivas, vez que pode ocorrer em outras atividades trabalho nas mesmas condições.

Desse modo, na perícia é importante analisar o regulamento e o Anexo 6 da NR 15.

### 1.6. Radiação não ionizante

O Regulamento atual (Decreto n. 3.048/99) não menciona a radiação não ionizante como especial. O Decreto n. 53.831/64 estabelecia como especial as seguintes radiações não ionizantes:

| RADIAÇÃO | Trabalhos expostos | Insalubre | 25 anos | Jornada normal ou |
|---|---|---|---|---|
| Operações em locais com radiações capazes de serem nocivas à saúde – infravermelho, ultravioleta, raios X, rádium e substâncias radiativas. | a radiações para fins industriais, diagnósticos e terapêuticos – Operadores de raio X, de rádium e substâncias radiativas, soldadores com arco elétrico e com oxiacetilênio, aeroviários de manutenção de aeronaves e motores, turbo-hélices e outros. | | | especial fixada em lei p Lei n. 1.234 de 14 de novembro de 1950; Lei n. 3.999 de 15-12-61; Art. 187, da CLT; Decreto n. 1.232, de 22 de junho de 1962 e Portaria Ministerial 262, de 6 de agosto de 1962. |

Pelo quadro do Decreto n. 53.831/64, verifica-se que, além da radiação ionizante, essa norma considerava também como especiais as radiações ultravioleta e infravermelho. Além disso, esses agentes eram vinculados às atividades passíveis de gerar exposição ocupacional. A avaliação desse agente para fins de caracterização da atividade como especial era feita pelo método qualitativo, vez que o Decreto não estabelecia limites de tolerância para esses agentes. Vale ressaltar, ainda, que os segurados que trabalharam, na vigência desse Decreto, expostos a esses agentes têm direito a aposentadoria especial. Aliás, a IN n. 45/10 e suas alterações estabelecem que o enquadramento do tempo especial, no caso das radiações não ionizantes, somente será possível até 5.3.1997, pois, como mencionado, o Decreto n. 3.048/99, Anexo IV, não menciona esse agente.

O Anexo 7 da NR 15 considera como insalubre de grau médio a exposição a radiação não ionizante (ultravioleta, laser e microondas) sem proteção adequada. A ACGIH estabelece limites de tolerância para exposição ocupacional a esses agentes. Sendo assim, no laudo técnico esses agentes devem ser reconhecidos e avaliados qualitativamente ou mesmo quantitativamente, quando dispuser de instrumentação adequada que atenda à ACGIH.

Convém ressaltar, ainda, que, mesmo após a revogação do Decreto n. 53.831/64, a exposição ocupacional a radiação ultravioleta é possível ser reconhecida como especial pela via judicial, com fundamento na Súmula n. 198 do antigo Tribunal Federal de Recursos.

### 1.7. Frio

O regulamento atual (Decreto n. 3.048/99) não menciona o trabalho sob condição de frio como atividade especial. Todavia, o Decreto n. 83.080/79 dispunha o seguinte:

| 1.1.2 | FRIO | Câmaras frigoríficas e fabricação de gelo. | 25 anos |
|---|---|---|---|

O Decreto n. 53.831/64 também considerava o agente frio como especial, conforme transcrição a seguir:

| | FRIO | | | | |
|---|---|---|---|---|---|
| 1.1.2 | Operações em locais com temperatura excessivamente baixa, capaz de ser nociva à saúde e proveniente de fontes artificiais. | Trabalhos na indústria do frio — operadores de câmaras frigoríficas e outros. | Insalubre | 25 anos | Jornada normal em locais com temperatura inferior a 12° centígrados. Arts. 165 e 187, da CLT e Portaria Ministerial n. 262, de 6.8.1962. |

Como pode ser observado nos quadros anteriores, a exposição ao frio é vinculada a atividades em câmara frigoríficas ou similares. Desse modo, da mesma forma que a radiação não ionizante, o segurado que trabalhou no período da vigência desses Decretos tem direito a aposentadoria especial até sua revogação. Da mesma forma que a radiação não ionizante, a IN 45/10 determina que, quando da exposição a esse agente, a atividade será considerada especial até 5.3.1997.

O Anexo 9 da NR 15 considera como insalubre de grau médio a exposição ao frio em câmara frigorífica ou similar sem proteção adequada. Ademais, o art. 253 da CLT considera regime de trabalho/descanso nas atividades em câmaras frigoríficas. Assim, embora o regulamento atual não estabeleça como especial a exposição ao frio, a nosso ver, os trabalhos que ficam expostos a esse agente em câmara frigorífica ou similares, dependendo das condições de exposição, podem ser considerados especiais.

Desse modo, mesmo após a revogação dos Decretos ns. 83.030/79 e 53.831/64, o trabalhador poderá obter o reconhecimento de sua atividade como especial por meio de ação judicial, com fundamento no laudo técnico e na Súmula n. 198 do antigo Tribunal Federal de Recursos.

É importante salientar que o laudo técnico deverá conter o reconhecimento e a avaliação desse agente, bem como o parecer técnico sobre a exposição prejudicial ou não à saúde. Além disso, no PPP esse agente também deverá ser informado com base no laudo técnico. Essas informações são importantes para o trabalhador em um eventual recurso administrativo ou ação judicial.

## 1.8. Umidade

Assim como no caso dos agentes anteriores, o regulamento atual não menciona esse agente com especial. No entanto, o Decreto n. 53.831/64 dispunha:

| | UMIDADE | | | | |
|---|---|---|---|---|---|
| 1.1.3 | Operações em locais com umidade excessiva, capaz de ser nociva à saúde e proveniente de fontes artificiais. | Trabalhos em contato direto e permanente com água – lavadores, tintureiros, operários nas salinas e outros. | Insalubre | 25 anos | Jornada normal em locais com umidade excessiva. Art. 187 da CLT e Portaria Ministerial 262, de 6-8-62. |

Como pode ser constatado pelo quadro, a norma considerava como especial a umidade excessiva proveniente de fontes artificiais, além de mencionar as atividades em que pode ocorrer a exposição. Desse modo, de acordo com a IN n. 45/10 até 5.3.1997, a atividade com umidade nas condições mencionadas são consideradas especiais.

O Anexo 10 da NR 15 considera como insalubres de grau médio os trabalhos e operações em locais alagados e encharcados, capazes de produzir danos à saúde. Portanto, assim como no caso dos agentes anteriores, a nosso ver, o segurado poderá obter o direito pela via judicial com fundamento na Súmula n. 198 do extinto TFR. É importante lembrar mais uma vez que o laudo técnico deve avaliar qualitativamente esse agente, além de constar no PPP.

## 1.9. Agentes químicos

### 1.9.1. Caracterização

Para a caracterização da atividade possível como especial devido a agentes químicos, o Anexo IV do Decreto n. 3.048/99 dispõe:

| CÓDIGO | AGENTE NOCIVO | TEMPO DE EXPOSIÇÃO |
|---|---|---|
| 1.0.0 | **AGENTES QUÍMICOS**<br>O que determina o direito ao benefício é a exposição do trabalhador ao agente nocivo presente no ambiente de trabalho e no processo produtivo, em nível de concentração superior aos limites de tolerância estabelecidos. (Redação dada pelo Decreto, n. 3.265, de 1999)<br><br>O rol de agentes nocivos é exaustivo, enquanto que as atividades listadas, nas quais pode haver a exposição, é exemplificativa. (Redação dada pelo Decreto n. 3.265, de 1999) | |

Examinando o caput do quadro (código 1.0.0), verifica-se que como pressuposto para a caracterização da aposentadoria especial, ao contrário dos Decretos ns. 83.080/79 e 53.831/64, o Regulamento atual exige que a concentração do agente seja superior aos limites de tolerância.

A norma estabelece também que o rol dos agentes nocivos é exaustivo. Sendo assim, é necessário que o agente seja mencionado expressamente no Quadro IV do Decreto n. 3048/99 para possível configuração da atividade como especial. Exemplo: a poeira de algodão não figura no rol, portanto, mesmo em ambiente com concentração acima do limite, não é possível o enquadramento da atividade como especial. Por outro lado, a norma determina que a relação das atividades são exemplificativas. Assim, por exemplo, o agente sílica livre é mencionado no quadro do Anexo IV. Desse modo, caso a concentração de poeira esteja acima do limite de tolerância em atividades diversas das especificadas, o direito à aposentadoria especial será devido.

Quanto à metodologia de avaliação dos agentes químicos, a Instrução Normativa vigente determina que os procedimentos técnicos de levantamento ambiental deverão considerar:

I – a metodologia e os procedimentos de avaliação dos agentes nocivos estabelecidos pelas Normas de Higiene Ocupacional — NHO da FUNDACENTRO;

II – os limites de tolerância estabelecidos pela NR 15 do MTE.

Para o agente químico benzeno, deverão ser observados a metodologia e os procedimentos de avaliação, dispostos nas Instruções Normativas MTE/SSST n. 1, de 20 de dezembro de 1995 (IN n. 45/10, art. 238, § 1º).

As metodologias e os procedimentos de avaliação não contemplados pela NHO da FUNDACENTRO deverão estar definidos por órgão nacional ou internacional competente, e a empresa deverá indicar quais as metodologias e os procedimentos adotados nas demonstrações ambientais. Deverão ser consideradas as normas referenciadas, vigentes à época da avaliação ambiental (IN n. 45/10, art.238, § 2º)

Com relação aos limites de tolerância, a Instrução Normativa vigente estabelece que:

A exposição ocupacional a agentes químicos e a poeiras minerais constantes do Anexo IV do RPS aprovado pelo Decreto n. 3.048/1999, dará ensejo à aposentadoria especial, devendo considerar os limites de tolerância definidos nos Anexos 11 e 12 e 13A da NR 15 do MTE, sendo avaliada segundo as metodologias e procedimentos adotados pelas NHO-02, NHO-03, NHO-04 e NHO-07 da FUNDACENTRO (art. 243 da Instrução Normativa n. 45 do INSS).

Pelos textos transcritos, depreende-se que a Instrução Normativa autoriza o uso de procedimentos de avaliação de agentes químicos definidos por órgãos internacionais, porém no art. 184 restringe o uso dos limites da NR 15 e a metodologia das Normas de Higiene Ocupacional da FUNDACENTRO. Ora, a NR 15 não estabelece limites de tolerância para vários agentes listados no anexo IV do Decreto n. 3.048/99, e a FUNDACENTRO, até o momento, editou normas de avaliação somente para avaliação qualitativa de fração volátil vapores orgânicos (NHO 2), análise gravimétrica de aerodispersóides (NHO 3), método de análise de fibras (NHO 4) e calibração de bomba individual pelo método de bolha de sabão (NHO 7). Portanto, a nosso ver, a regra a ser adotada é a que autoriza também o uso de normas internacionais. Aliás, a NR 09 permite o uso dos limites da ACGIH (American Conference of Governmental Industrial Hygienists) quando houver ausência de limites na NR 15.

Segundo o art. 157 da Lei n. 8.213/91, a aposentadoria especial ocorrerá quando houver a exposição do trabalhador a agente nocivo à saúde ou à integridade física. Essa é mais uma razão que justifica a utilização dos limites da ACGIH.

Ademais, os limites da ACGIH são determinados cientificamente com base em estudos epidemiológicos e nexo da doença em função de sua intensidade ou concentração e são aceitos e adotados na maioria dos países, inclusive no Brasil, pela NR 09 e a NR 15, que adotou a maioria dos limites para agentes químicos quando de sua edição em 1978.

Desse modo, a concentração de uma substância acima do limite da ACGIH, a nosso ver, enseja o direito à aposentadoria especial.

Cabe ressaltar, no entanto, que a utilização do limite da ACGIH no Brasil deve ser precedido de correção, pois a jornada de trabalho nos Estados Unidos é de 40 horas semanais, enquanto no Brasil é de 44 horas. Essa correção é feita pela formula BRIEF & SCALA, sugerida pela ACGIH (ACGIH, 2008). O fator de redução do limite de tolerância BRIEF & SCALA é o seguinte:

$$FR = \frac{40}{h} \times \frac{168 - h}{128}$$

Onde:

FR = fator de redução;

h = jornada de trabalho em horas.

Com relação à avaliação quantitativa dos agentes químicos, além das normas da FUNDACENTRO mencionadas na instrução normativa vigente, devem-se adotar os métodos analíticos da NIOSH (National Institute for Occupational Safety and Health), da OSHA (Occupational Safety and Health Administration), entre outras, quando aplicáveis.

De modo geral, as coletas podem ser feitas por amostragens contínuas ou instantâneas. No entanto, para fins de aposentadoria especial, a amostragem contínua com análise das amostras em laboratório especializado é o critério mais adequado. Paralelamente pode ser utilizado também o método instantâneo com objetivo de verificar picos de concentração superiores ou não ao valor teto ou máximo.

Nas coletas das amostras contínuas, o ar é aspirado por uma bomba gravimétrica para um meio de coleta (filtro, impinger, tubos, entre outros). Essas amostras são analisadas em laboratório especializado.

O cálculo da concentração é feito da seguinte forma:

a) Volume amostrado – Va

$$Va = \frac{Q \times t}{1000}$$

Onde:

Q = vazão da bomba em l/min;

t = tempo de amostragem em minutos.

A divisão por 1.000 visa converter o volume de litros para m³.

b) Concentração

$$C = \frac{M_a}{V_a}$$

Onde:

C = concentração ml/m³;

$M_a$ = massa da amostra;

$V_a$ = volume amostrado;

Exemplo:

Em uma amostragem de fumos de manganês foram obtidos os seguintes dados:

— Q = 1,5 l/min

— Tempo de amostra = 5 horas ou 300 minutos

— $M_a$ = 0,2 mg

— Limite de tolerância = 1 mg/m³

a) Volume amostrado

$$V_a = \frac{Q \times T_a}{1000} = \frac{1,5 \times 300}{1000} = 0,45 \, m^3$$

b) Concentração

$$C = \frac{M_a}{V_a} = \frac{0,20}{0,45} = 0,44 \, mg/m^3$$

A concentração obtida foi inferior ao limite de tolerância (1 mg/m³) estabelecido na NR 15.

A seguir será analisado tecnicamente o enquadramento da atividade como especial para cada agente químico especificado no rol do Anexo IV do Decreto n. 3.048/99.

Cabe ressaltar que, até a revogação dos Decretos ns. 83.080/79 e 53.831/64, não era necessário avaliar quantitativamente os agentes químicos.

### 1.9.2. Arsênio e seus compostos

O Decreto n. 3.048/99, Anexo IV, menciona expressamente o agente arsênio e exemplifica as atividades com possível exposição, conforme o quadro a seguir:

| | ARSÊNIO E SEUS COMPOSTOS | |
|---|---|---|
| 1.0.1 | a) extração de arsênio e seus compostos tóxicos; | 25 ANOS |
| | b) metalurgia de minérios arsenicais; | |
| | c) utilização de hidrogênio arseniado (arsina) em sínteses orgânicas e no processamento de componentes eletrônicos; | |
| | d) fabricação e preparação de tintas e lacas; | |
| | e) fabricação, preparação e aplicação de inseticidas, herbicidas, parasiticidas e raticidas com a utilização de compostos de arsênio; | |
| | f) produção de vidros, ligas de chumbo e medicamentos com a utilização de compostos de arsênio; | |
| | g) conservação e curtume de peles, tratamento e preservação da madeira com a utilização de compostos de arsênio. | |

O Decreto n. 3.048/99, Anexo IV, menciona atividades com possível exposição a arsênio e seus compostos. No entanto, como comentado anteriormente, para caracterizar a atividade como especial, o referido Decreto exige que a concentração do agente supere o limite de tolerância.

A NR 15 também não estabelece limites para a exposição ao arsênio. A insalubridade é caracterizada pela avaliação qualitativa, nas atividades listadas com possível exposição ocupacional a esse agente, conforme Anexo 13 da referida norma:

• Insalubridade de grau máximo:

— Extração e manipulação de arsênio e preparação de seus compostos.

— Fabricação de tintas à base de arsênio.

— Fabricação de produtos parasiticidas, inseticidas e raticidas contendo compostos de arsênio.

— Pintura a pistola com pigmentos de compostos de arsênico, em recintos limitados ou fechados.

— Preparação do "Secret".

— Produção de trióxido de arsênio.

• Insalubridade de grau médio:

— Bronzeamento em negro e verde com compostos de arsênio.

— Conservação de peles e plumas; depilação de peles à base de compostos de arsênio.

— Descoloração de vidros e cristais à base de compostos de arsênio.

— Emprego de produtos parasiticidas, inseticidas e raticidas à base de compostos de arsênio.

— Fabricação de cartas de jogar, papéis pintados e flores artificiais à base de compostos de arsênio.

— Metalurgia de minérios arsenicais (ouro, prata, chumbo, zinco, níquel, antimônio, cobalto e ferro).

— Operações de galvanotécnica à base de compostos de arsênio.

— Pintura manual (pincel, rolo e escova) com pigmentos de compostos de arsênio em recintos limitados ou fechados, exceto com pincel capilar.

• Insalubridade de grau mínimo:

— Empalhamento de animais à base de compostos de arsênio.

— Fabricação de tafetá "siré".

— Pintura a pistola ou manual com pigmentos de compostos de arsênio ao ar livre.

Examinando os dispositivos legais transcritos, verifica-se que nem o Decreto n. 3.048/99, em seu Anexo IV, nem a NR 15 estabelecem limites de tolerância para o agente arsênio e seus compostos, ou seja, apenas mencionam rol de atividades com possível exposição a esse agente. Conforme comentado anteriormente, o Decreto n. 3.048/99, Anexo IV, determina que a atividade será considerada especial quando a concentração do agente químico superar o limite de tolerância.

A ACGIH recomenda o limite de tolerância de 0,01 mg/m$^3$ para o arsênio. Esse valor corrigido para jornada de trabalho brasileira é igual a 0,0088 mg/m$^3$. Desse modo, para verificar o possível direito à aposentadoria especial, deve-se realizar a avaliação quantitativa desse agente e comparar com o referido limite de tolerância.

A FUNDACENTRO não define a metodologia de avaliação desse agente. Sendo assim, é necessário utilizar normas internacionais sobre a avaliação desse agente. O método NIOSH 7900 estabelece procedimento técnico de coleta e análise laboratorial das amostras. De maneira geral, o procedimento consiste em aspirar o ar contaminado com a bomba gravimétrica, para o meio de coleta (cassete com filtro de éster de celulose de 0,8 μm de porosidade). A amostra coletada é analisada por meio de espectrofotometria de absorção atômica em laboratório especializado.

### 1.9.3. Asbestos

O Decreto n. 3.048/99, Anexo IV, menciona expressamente o agente asbestos e exemplifica as atividades com possível exposição, conforme o quadro a seguir:

| | **ASBESTOS** | |
|---|---|---|
| 1.0.2 | a) extração, processamento e manipulação de rochas amiantíferas; | 20 ANOS |
| | b) fabricação de guarnições para freios, embreagens e materiais isolantes contendo asbestos; | |
| | c) fabricação de produtos de fibrocimento; | |
| | d) mistura, cardagem, fiação e tecelagem de fibras de asbestos. | |

O Anexo 12, da NR 15, Portaria n. 3.214, estabelece o limite de tolerância de duas fibras/cm$^3$ para fibras respiráveis de asbestos crisotila. De acordo com essa norma, as fibras respiráveis são aquelas com diâmetro inferior a 3 micrômetros, comprimento maior ou igual a 5 micrômetros e relação entre comprimento e diâmetro igual ou superior a 3:1.

O Anexo 12 determina que a avaliação ambiental seja realizada pelo método do filtro de membrana, utilizando-se aumentos de 400 a 500x, com iluminação de contraste de fase. Serão contadas as fibras respiráveis, independentemente de estarem ou não ligadas ou agregadas a outras partículas. Ademais, a referida norma determina que o método de avaliação a ser utilizado seja definido pela ABNT/INMETRO. A NBR 13158 estabelece o procedimento de análise de fibras de asbestos. Deve-se observar também nessa avaliação a NHO 4 da FUNDACENTRO (método de analise de fibras).

Os laboratórios que realizarem análise de amostras ambientais de fibras dispersas no ar devem atestar a participação em programas de controle de qualidade laboratorial e sua aptidão para proceder às análises requeridas pelo método do filtro de membrana.

Portanto, de acordo com o regulamento do período vigente, a atividade será considerada especial quando a concentração de asbestos superar o limite de tolerância.

### 1.9.4. Benzeno

| | BENZENO E SEUS COMPOSTOS TÓXICOS | |
|---|---|---|
| 1.0.3 | a) produção e processamento de benzeno; b) utilização de benzeno como matéria-prima em sínteses orgânicas e na produção de derivados; c) utilização de benzeno como insumo na extração de óleos vegetais e álcoois; d) utilização de produtos que contenham benzeno, como colas, tintas, vernizes, produtos gráficos e solventes; e) produção e utilização de clorobenzenos e derivados; f) fabricação e vulcanização de artefatos de borracha; g) fabricação e recauchutagem de pneumáticos. | 25 ANOS |

O Anexo 13 A da NR 15 determina que os Limites de Concentração (LC) a serem utilizados na Instrução Normativa n. 001/95 para o cálculo do Índice de Julgamento "I", são os VRT-MPT estabelecidos a seguir.

— 1 ppm para as empresas abrangidas por este anexo (com exceção das empresas siderúrgicas, as produtoras de álcool anidro e aquelas que deverão substituir o benzeno a partir de 1º.1.1997).

— 2,5 ppm para as empresas siderúrgicas.

O presente anexo se aplica a todas as empresas que produzem, transportam, armazenam, utilizam ou manipulam benzeno e suas misturas líquidas contendo 1% ou mais de volume e aquelas por elas contratadas no que couber.

Para fins de aplicação deste anexo, é definida uma categoria de VRT.

Segundo o Anexo 13 A, o VRT-MPT corresponde à concentração média de benzeno no ar ponderada pelo tempo, para uma jornada de trabalho de 8 horas, obtida na zona de respiração dos trabalhadores, individualmente ou de Grupos Homogêneos de Exposição — GHE, conforme definido na Instrução Normativa n. 001/95.

Cabe ressaltar, que a Instrução Normativa n. 001/95 estabelece a estratégia de avaliação e o tratamento estatístico dos dados, devendo realizar no mínimo cinco coletas em cada GHE (Grupo Homogêneo de Exposição). Em seguida, calcular a média, o desvio padrão e o limite de confiabilidade, entre outros. Portanto, na avaliação de benzeno, visando a caracterização da atividade como especial, é necessário adotar os procedimentos em conformidade com a referida Instrução do Ministério do Trabalho e Emprego.

Com relação à avaliação quantitativa de benzeno, deve-se utilizar o método NIOSH 1500. Nesse método o ar é aspirado pela gravimétrica para o tubo de carvão ativado específico. O material adsorvido no tubo é analisado por meio de cromatografia de gás.

## 1.9.5. Berilo

| | BERÍLO E SEUS COMPOSTOS TÓXICOS | |
|---|---|---|
| 1.0.4 | a) extração, trituração e tratamento de berílo;<br>b) fabricação de compostos e ligas de berílo;<br>c) fabricação de tubos fluorescentes e de ampolas de raio X;<br>d) fabricação de queimadores e moderadores de reatores nucleares;<br>e) fabricação de vidros e porcelanas para isolantes térmicos;<br>f) utilização do berílo na indústria aeroespacial. | 25 ANOS |

A NR 15 não estabelece limite de tolerância para o berilo nem considera a insalubridade pelo método qualitativo. A ACGIH recomenda o limite de tolerância de 0,02 mg/m$^3$ para compostos, como Be. Esse valor corrigido para jornada de trabalho brasileira é igual a 0,00820 mg/m$^3$.

Desse modo, o possível direito à aposentadoria especial por esse agente será devido quando a concentração de berilo superar o limite de tolerância da ACGIH, devendo a exposição ser enquadrada nas atividades mencionadas ou não no quadro, vez que esse rol mencionado no quadro é exemplificativo.

Quanto à avaliação quantitativa, a FUNDACENTRO não estabelece norma de quantificação desse agente. Assim, deve-se utilizar o método NIOSH 7102. De acordo com esse método, o ar é aspirado pela bomba gravimétrica, sendo o meio de coleta filtro de éster de celulose de 0,8 μm de poro. A análise de amostra e feita por meio de absorção atômica.

## 1.9.6. Bromo

| | BROMO E SEUS COMPOSTOS TÓXICOS | |
|---|---|---|
| 1.0.5 | a) fabricação e emprego do bromo e do ácido brômico. | 25 ANOS |

A NR 15, Anexo 11, estabelece limite de tolerância de 0,08 ppm ou 0,60 mg/m$^3$ para o bromo, sendo caracterizada a insalubridade de grau máximo caso esse limite seja ultrapassado. Assim, o possível direito à aposentadoria especial será devido também quando a concentração de bromo superar o limite de tolerância na atividade mencionada ou não no Quadro IV do regulamento.

A FUNDACENTRO não estabelece metodologia de avaliação do bromo. Assim, pode-se utilizar o procedimento NIOSH 6011. De acordo com esse método, o meio de coleta usado é pré-filtro de teflon (PTFE) mais membrana de prata. A amostra coletada é analisada por meio de cromatografia de íons.

## 1.9.7. Cádmio

| | CÁDMIO E SEUS COMPOSTOS TÓXICOS | |
|---|---|---|
| 1.0.6 | a) extração, tratamento e preparação de ligas de cádmio;<br>b) fabricação de compostos de cádmio;<br>c) utilização de eletrodos de cádmio em soldas;<br>d) utilização de cádmio no revestimento eletrolítico de metais;<br>e) utilização de cádmio como pigmento e estabilizador na indústria do plástico;<br>f) fabricação de eletrodos de baterias alcalinas de níquel-cádmio. | 25 ANOS |

A NR 15 não estabelece limite de tolerância para o cádmio. Já a ACGIH recomenda o limite de 0,01 mg/m$^3$ e 0,002 mg/m$^3$ para compostos de cádmio (fração respirável). Desse modo, na avaliação quantitativa desse agente deve-se tomar como base esses limites devidamente corrigidos para a jornada de trabalho brasileira.

No procedimento de avaliação desse agente pode ser utilizado o método geral de metais da NIOSH 7303. Nesse método o meio de coleta é feito pelo filtro de éster de celulose de 0,8 µ de poro. A análise laboratorial é feita por espectrometria de emissão ótica por plasma.

## 1.9.8. Carvão mineral e seus derivados

| | CARVÃO MINERAL E SEUS DERIVADOS | |
|---|---|---|
| 1.0.7 | a) extração, fabricação, beneficiamento e utilização de carvão mineral, piche, alcatrão, betume e breu;<br>b) extração, produção e utilização de óleos minerais e parafinas;<br>c) extração e utilização de antraceno e negro de fumo;<br>d) produção de coque. | 25 ANOS |

A NR 15 não estabelece limite de tolerância para o carvão mineral e seus derivados, no entanto, o Anexo 13 dessa norma determina a caracterização da insalubridade por esse agente por meio de avaliação qualitativa, conforme transcrição a seguir.

### CARVÃO

**Insalubridade de grau máximo:**

Trabalho permanente no subsolo em operações de corte, furação e desmonte, de carregamento no local de desmonte, em atividades de manobra, nos pontos de transferência de carga e de viradores.

**Insalubridade de grau médio:**

Demais atividades permanentes do subsolo compreendendo serviços, tais como; de operações de locomotiva, condutores, engatadores, bombeiros, madeireiros, trilheiros e eletricistas.

**Insalubridade de grau mínimo:**

Atividades permanentes de superfície nas operações a seco, com britadores, peneiras, classificadores, carga e descarga de silos, de transportadores de correia e de teleférreos.

Como pode ser observado no Quadro IV do Decreto n. 3.048/99, código 1.0.7, são exemplificadas as atividades com possível exposição à poeira de carvão mineral e outros agentes que podem ser gerados em processos envolvendo carvão mineral, tais como óleo mineral, negro de fumo, antraceno, piche, entre outros.

Portanto, na avaliação para fins de aposentadoria especial, é necessário analisar o processo de trabalho visando verificar os agentes que podem ser gerados.

No caso da poeira, a ACGIH recomenda os seguintes limites para fração respirável de carvão mineral:

— Antracito – 0,40 mg/m$^3$

— Betuminoso – 0,90 mg/m$^3$

Além disso, a nosso ver, é importante analisar a sílica livre cristalizada nas amostras, conforme procedimento de avaliação desse agente, que será comentado posteriormente.

A NR 15 estabelece limite de tolerância de 3,5 mg/m$^3$ para o negro de fumo. No procedimento de coleta desse agente pode ser utilizado o método NIOSH 5000. Nesse método o meio de coleta usado é o filtro de PVC de 5 μm de poro, e a análise é feita por técnica de gravimetria.

A NR 15 não estabelece limite para o óleo mineral, o alcatrão, o breu, o betume, o antraceno e a parafina. No entanto, em seu Anexo 13 determina avaliação qualitativa desses agentes para fins de insalubridade.

A ACGIH recomenda limite de tolerância para os seguintes agentes:

— Alcatrão da ulha produtos voláteis – 0,2 mg/m$^3$

— Fumos de asfalto (betume) – 0,5 m/m$^3$ (fração inalável) como aerosol solúvel em benzeno

— Fumos de parafina (cera) – 2 mg/m$^3$

Portanto, na avaliação para fins de aposentadoria especial, esses agentes devem ser avaliados quantitativamente.

### 1.9.9. Chumbo e seus compostos tóxicos

| | CHUMBO E SEUS COMPOSTOS TÓXICOS | |
|---|---|---|
| 1.0.8 | a) extração e processamento de minério de chumbo; | 25 ANOS |
| | b) metalurgia e fabricação de ligas e compostos de chumbo; | |
| | c) fabricação e reformas de acumuladores elétricos; | |
| | d) fabricação e emprego de chumbo-tetraetila e chumbo-tetrametila; | |
| | e) fabricação de tintas, esmaltes e vernizes à base de compostos de chumbo; | |
| | f) pintura com pistola empregando tintas com pigmentos de chumbo; | |
| | g) fabricação de objetos e artefatos de chumbo e suas ligas; | |
| | h) vulcanização da borracha pelo litargírio ou outros compostos de chumbo; | |
| | i) utilização de chumbo em processos de soldagem; | |
| | j) fabricação de vidro, cristal e esmalte vitrificado; | |
| | l) fabricação de pérolas artificiais; | |
| | m) fabricação e utilização de aditivos à base de chumbo para a indústria de plásticos. | |

O quadro do regulamento exemplifica as atividades e operações com possível exposição ao chumbo em forma de poeira, fumos ou névoa. A NR 15, Anexo 11, estabelece limite de tolerância de 0,10 mg/m³ para o chumbo.

Portanto, a caracterização da atividade como especial somente ocorrerá quando a concentração de chumbo em forma de poeira, chumbo ou névoa superar o limite de tolerância estabelecido no Anexo 11 da NR 15.

A avaliação quantitativa de chumbo deve ser feita com base no método NIOSH 7303 para metais, vez que a FUNDACENTRO não editou norma sobre a avaliação desse agente.

### 1.9.10. Cloro e seus compostos tóxicos

| | CLORO E SEUS COMPOSTOS TÓXICOS | |
|---|---|---|
| 1.0.9 | a) fabricação e emprego de defensivos organoclorados; | 25 ANOS |
| | b) fabricação e emprego de cloroetilaminas (mostardas nitrogenadas); | |
| | c) fabricação e manuseio de bifenis policlorados (PCB); | |
| | d) fabricação e emprego de cloreto de vinil como monômero na fabricação de policloreto de vinil (PVC) e outras resinas e como intermediário em produções químicas ou como solvente orgânico; | |
| | e) fabricação de policloroprene; | |
| | f) fabricação e emprego de clorofórmio (triclorometano) e de tetracloreto de carbono. | |

O Anexo IV do Decreto n. 3.048/99 exemplifica as atividades com possível exposição ao cloro. A NR 15, Anexo 11, estabelece limite de tolerância de 0,8 ppm ou 2,3 mg/m³ para o cloro.

O regulamento menciona os compostos de cloro, tais como clorofórmio e tetracloreto de carbono.

A NR 15 estabelece limite de tolerância de 20 ppm ou 94 mg/m³ para clorofórmio e 8 ppm ou 50 mg/m³ para tetracloreto de carbono.

Desse modo, na avaliação de cloro para fins de aposentadoria especial, é necessário analisar o processo de trabalho visando definir os agentes gerados. As concentrações de cloro, clorofórmio, tetracloreto de carbono ou outros compostos acima dos limites enseja o direito à aposentadoria especial.

O procedimento de coleta deve tomar por base os métodos NIOSH 6011 (cloro), NIOSH 1003 (tetracloreto de carbono e clorofórmio).

### 1.9.11. Cromo e seus compostos tóxicos

| | CROMO E SEUS COMPOSTOS TÓXICOS | |
|---|---|---|
| 1.0.10 | a) fabricação, emprego industrial, manipulação de cromo, ácido crômico, cromatos e bicromatos; | 25 ANOS |
| | b) fabricação de ligas de ferro-cromo; | |
| | c) revestimento eletrolítico de metais e polimento de superfícies cromadas; | |
| | d) pintura com pistola utilizando tintas com pigmentos de cromo; | |
| | e) soldagem de aço inoxidável. | |

A NR 15 não estabelece limite de tolerância para esse agente, todavia, o Anexo 13 considera como insalubres, pelo método qualitativo, as atividades listadas com os respectivos graus de insalubridade, conforme transcrição a seguir:

## CROMO

**Insalubridade de grau máximo:**

— Fabricação de cromatos e bicromatos.

— Pintura a pistola com pigmentos de compostos de cromo em recintos limitados ou fechados.

**Insalubridade de grau médio:**

— Cromagem eletrolítica dos metais.

— Fabricação de palitos fosfóricos à base de compostos de cromo (preparação da pasta e trabalho nos secadores).

— Manipulação de cromatos e bicromatos.

— Pintura manual com pigmentos de compostos de cromo em recintos limitados ou fechados (exceto pincel capilar).

— Preparação por processos fotomecânicos de clichês para impressão à base de compostos de cromo.

— Tanagem a cromo.

Conforme comentado anteriormente, para a caracterização da possível atividade como especial, segundo o Decreto n. 3.048/99, é necessário que a concentração supere o limite de tolerância. A ACGIH recomenda os seguintes limites de tolerância para o cromo:

Limite ACGIH – Metal e compostos de Cr III – 0,5 mg/m$^3$

Compostos de Cr VI solúveis em água – 0,05 mg/m$^3$

Compostos de Cr VI insolúveis – 0,01 mg/m$^3$

Portanto, a atividade será considerada especial quando a concentração de cromo superar os limites de tolerância mencionados.

O procedimento de avaliação desse agente deve tomar por base o método da NIOSH 7303, 70235 e 7600.

### 1.9.12. Dissulfeto de carbono

| | DISSULFETO DE CARBONO | |
|---|---|---|
| 1.0.11 | a) fabricação e utilização de dissulfeto de carbono;<br>b) fabricação de viscose e seda artificial (raiom) ;<br>c) fabricação e emprego de solventes, inseticidas e herbicidas contendo dissulfeto de carbono;<br>d) fabricação de vernizes, resinas, sais de amoníaco, de tetracloreto de carbono, de vidros óticos e produtos têxteis com uso de dissulfeto de carbono. | 25 ANOS |

A NR 15 estabelece limite de tolerância e 16 ppm ou 47 mg/m³ para o dissulfeto de carbono. Desse modo, a caracterização da atividade como especial ocorrerá quando a concentração desse agente superar o limite de tolerância, conforme determina o regulamento vigente.

O procedimento de avaliação deve tomar por base o método NIOSH 1600, vez que a FUNDACENTRO não editou norma sobre a avaliação desse agente. De acordo com o método NIOSH 1600, o meio de coleta usado é o de tubo de carvão ativado de 100/50 mg, e a análise da amostra é feita por meio de cromatografia gasosa.

### 1.9.13. Fósforo e seus compostos tóxicos

| | FÓSFORO E SEUS COMPOSTOS TÓXICOS | |
|---|---|---|
| 1.0.12 | a) extração e preparação de fósforo branco e seus compostos; b) fabricação e aplicação de produtos fosforados e organofosforados (sínteses orgânicas, fertilizantes e praguicidas); c) fabricação de munições e armamentos explosivos. | 25 ANOS |

A NR 15 não estabelece limite de tolerância para o fósforo. No entanto, em seu Anexo 13 considera esse agente como insalubre nas atividades mencionadas em que haja possível exposição a esse agente e seus compostos.

### FÓSFORO

**Insalubridade de grau máximo:**

— Extração e preparação do fósforo branco e seus compostos.

— Fabricação de defensivos fosforados e organofosforados.

— Fabricação de projéteis incendiários, explosivos e gases asfixiantes à base de fósforo branco.

**Insalubridade de grau médio:**

— Emprego de defensivos organofosforados.

— Fabricação de bronze fosforado.

— Fabricação de mechas fosforadas para lâmpadas de mineiros.

A ACGIH recomenda o limite de tolerância de 0,10 mg/m³ para o fósforo amarelo, todavia, o regulamento da Previdência e a NR 15 mencionam as atividades envolvendo fósforo branco. Também mencionado como insalubre e especial é o emprego de defensivos organofosforados. Esse composto também não possui limite de tolerância na ACGIH. Desse modo, a possível caracterização da atividade como especial por exposição a esse agente, a nosso ver, deve ser feita por avaliação qualitativa.

### 1.9.14. Iodo

| | IODO | |
|---|---|---|
| 1.0.13 | a) fabricação e emprego industrial do iodo. | 25 ANOS |

A NR 15 não estabelece limite de tolerância para o iodo, nem menciona esse agente como insalubre pelo critério qualitativo no Anexo 13. A ACGIH recomenda os seguintes limites de tolerância: iodo – 0,01 mg/m³ e iodetos – 0,01 mg/m³. Desse modo, a atividade será considerada como especial por esse agente quando a concentração superar os limites nas atividades mencionadas ou não no Decreto, vez que elas são apenas exemplificativas.

### 1.9.15. Manganês e seus compostos

| | MANGANÊS E SEUS COMPOSTOS | |
|---|---|---|
| 1.0.14 | a) extração e beneficiamento de minérios de manganês; | 25 ANOS |
| | b) fabricação de ligas e compostos de manganês; | |
| | c) fabricação de pilhas secas e acumuladores; | |
| | d) preparação de permanganato de potássio e de corantes; | |
| | e) fabricação de vidros especiais e cerâmicas; | |
| | f) utilização de eletrodos contendo manganês; | |
| | g) fabricação de tintas e fertilizantes. | |

O manganês e seus compostos são mencionados expressamente como especial no Quadro IV do Decreto n. 3.048/99. Além disso, o regulamento menciona a atividade com possíveis exposições a poeira e fumos de manganês.

A NR 15 estabelece limite de tolerância de 5 mg/m³ para poeira de manganês e 1 mg/m³ para fumos. Desse modo, a atividade será considerada especial quando a concentração de poeira ou fumos superar os respectivos limites de tolerância.

A avaliação quantitativa desse agente é feita com base no método NIOSH 7303, vez que a FUNDACENTRO não editou norma sobre a coleta desse agente.

### 1.9.16. Mercúrio e seus compostos

| | MERCÚRIO E SEUS COMPOSTOS | |
|---|---|---|
| 1.0.15 | a) extração e utilização de mercúrio e fabricação de seus compostos; | 25 ANOS |
| | b) fabricação de espoletas com fulminato de mercúrio; | |
| | c) fabricação de tintas com pigmento contendo mercúrio; | |
| | d) fabricação e manutenção de aparelhos de medição e de laboratório; | |
| | e) fabricação de lâmpadas, válvulas eletrônicas e ampolas de raio X; | |
| | f) fabricação de minuterias, acumuladores e retificadores de corrente; | |
| | g) utilização como agente catalítico e de eletrólise; | |
| | h) douração, prateamento, bronzeamento e estanhagem de espelhos e metais; | |
| | i) curtimento e feltragem do couro e conservação da madeira; | |
| | j) recuperação do mercúrio; | |
| | l) amalgamação do zinco. | |
| | m) tratamento a quente de amálgamas de metais; | |
| | n) fabricação e aplicação de fungicidas. | |

O Decreto n. 3.048/99, Anexo IV, menciona expressamente o mercúrio, além de arrolar as atividades e operações em diversos processos de trabalho.

## MERCÚRIO

A NR 15, Anexo 11, estabelece o limite de tolerância de 0,04 mg/m³ para todas as formas de mercúrio, exceto orgânicos. Já o Anexo 13 da NR 15 considera como insalubre de grau máximo a fabricação e manipulação de compostos orgânicos de mercúrio. A ACGIH recomenda os seguintes limites de tolerância para o mercúrio:

— Compostos alquídicos, como Hg – 0,01 mg/m³

— Mercúrio metálico e fumos inorgânicos – 0,02 mg/m³

O procedimento de avaliação quantitativa de mercúrio nas formas orgânicas deve ser feito com base no método NIOSH 6009. Segundo esse método, o meio de coleta utilizado é o tubo absorvente, e a análise laboratorial é feita por meio de absorção atômica.

Na exposição ao mercúrio na forma inorgânica, a atividade é considerada como especial quando a concentração superar o limite de tolerância da NR 15 ou da ACGIH. Quanto ao mercúrio orgânico, a nosso ver, a análise de risco deve ser feita por avaliação qualitativa.

### 1.9.17. Níquel e seus compostos tóxicos

| | NÍQUEL E SEUS COMPOSTOS TÓXICOS | |
|---|---|---|
| 1.0.16 | a) extração e beneficiamento do níquel;<br>b) niquelagem de metais;<br>c) fabricação de acumuladores de níquel-cádmio. | 25 ANOS |

O Decreto n. 3.048/99, Anexo IV, menciona o agente níquel e relaciona as atividades com exposição a poeira (bloqueamento e extração) e outros processos com exposição a níquel em outras formas.

A NR 15 não estabelece limite de tolerância para o níquel, enquanto a ACGIH recomenda os seguintes limites:

— Metal elementar – 1,5 mg/m$^{3(I)}$

— Compostos inorgânicos solúveis, (NOS) – 0,1 mg/m$^{3(I)}$

— Compostos inorgânicos insolúveis, (NOS) – 0,2 mg/m$^{3(I)}$

— Como Ni 0,1 – mg/m$^{3(I)}$

Desse modo, de acordo com o regulamento atual, a atividade será considerada especial quando as concentrações de níquel forem superiores aos limites corrigidos para a jornada de trabalho brasileira.

Com relação ao procedimento de avaliação, a FUNDACENTRO não editou norma a respeito, sendo assim, a avaliação deve tomar como base o método NIOSH 7303.

## 1.9.18. Sílica livre

| | SÍLICA LIVRE | |
|---|---|---|
| 1.0.18 | a) extração de minérios a céu aberto;<br>b) beneficiamento e tratamento de produtos minerais geradores de poeiras contendo sílica livre cristalizada;<br>c) tratamento, decapagem e limpeza de metais e fosqueamento de vidros com jatos de areia;<br>d) fabricação, processamento, aplicação e recuperação de materiais refratários;<br>e) fabricação de mós, rebolos e de pós e pastas para polimento;<br>f) fabricação de vidros e cerâmicas;<br>g) construção de túneis;<br>h) desbaste e corte a seco de materiais contendo sílica. | 25 ANOS |

A sílica livre é mencionada expressamente no regulamento. Além disso, são exemplificadas as atividades passíveis de exposição a esse tipo de poeira.

A NR 15, Anexo 12, estabelece limite e critério de avaliação de poeira contendo sílica, conforme transcrição a seguir.

### Sílica livre cristalizada

1. O limite de tolerância, expresso em milhões de partículas por decímetro cúbico, é dado pela seguinte fórmula:

$$L.T. = \frac{8,5}{\% \text{ quartzo} + 10} \text{ mppdc (milhões de partículas por decímetro cúbico)}$$

Essa fórmula é válida para amostras tomadas com impactador (*impinger*) no nível da zona respiratória e contadas pela técnica de campo claro. A percentagem de quartzo é a quantidade determinada através de amostras em suspensão aérea.

2. O limite de tolerância para poeira respirável, expresso em mg/m$^3$, é dado pela seguinte fórmula:

$$L.T. = \frac{8}{\% \text{ quartzo} + 2} \text{ mg/m}^3$$

3. Tanto a concentração como a percentagem do quartzo, para a aplicação deste limite, devem ser determinadas a partir da porção que passa por um seletor com as características do Quadro n. 1.

### Quadro n. 1

| Diâmetro Aerodinâmico (um)<br>(esfera de densidade unitária) | % de passagem<br>pelo seletor |
|---|---|
| menor ou igual a 2 | 90 |
| 2,5 | 75 |
| 3,5 | 50 |
| 5,0 | 25 |
| 10,0 | 0 (zero) |

4. O limite de tolerância para poeira total (respirável e não respirável), expresso em mg/m³, é dado pela seguinte fórmula:

$$L.T. = \frac{24}{\% \text{ quartzo} + 3} \text{ mg/m}^3$$

5. Sempre será entendido que "quartzo" significa sílica livre cristalizada.

6. Os limites de tolerância fixados no item 5 são válidos para jornadas de trabalho de até 48 horas por semana, inclusive.

6.1. Para jornadas de trabalho que excedem a 48 horas semanais, os limites deverão ser deduzidos, sendo estes valores fixados pela autoridade competente.

A instrução normativa vigente determina que na avaliação ocupacional dos agentes químicos deve-se considerar os limites dos Anexos 11 e 12 da NR 15. No caso da poeira, conforme transcrito anteriormente, o Anexo 12 estabelece limite de tolerância para poeira total e respirável. Desse modo, qualquer um desses limites que forem superados dará ensejo ao direito à aposentadoria especial.

A avaliação quantitativa da poeira de sílica livre é feita utilizando bomba gravimétrica. O meio de coleta é o filtro de PVC de 5 μm de poro.

No critério estabelecido pela NR 15 é necessário também a análise gravimétrica da amostra. Essa análise é feita com base no método NIOSH 500 e NHO 3 da FUNDACENTRO.

O Decreto menciona algumas atividades em processos industriais com possível exposição a poeira contendo sílica livre cristalizada (quartzo). Cabe salientar, no entanto, que, caso a concentração supere os limites, a atividade do trabalhador será considerada especial, vez que, de acordo com o Decreto n. 3.048/99, tais atividades são apenas exemplificativas.

O procedimento de avaliação de poeira de sílica livre cristalizada deverá tomar como base o método NIOSH 7500 (método difração de raio X) ou o método NIOSH 7602.

De acordo com esses métodos, o meio de coleta usado na avaliação é o filtro de PVC de 5 μm de poro. A separação do tamanho da partícula deve ser feita com ciclone de nylon ou alumínio. A análise da amostra deve ser feita conforme os métodos NIOSH mencionados, sendo que o método de difração de raio X é mais recomendado. Deve ser feita também a análise gravimétrica para atender ao critério e aos limites de tolerância da NR 15, Anexo 12.

### 1.9.19. Petróleo, xisto betuminoso, gás natural e seus derivados

| | PETRÓLEO, XISTO BETUMINOSO, GÁS NATURAL E SEUS DERIVADOS | |
|---|---|---|
| 1.0.17 | a) extração, processamento, beneficiamento e atividades de manutenção realizadas em unidades de extração, plantas petrolíferas e petroquímicas;<br>b) beneficiamento e aplicação de misturas asfálticas contendo hidrocarbonetos policíclicos. | 25 ANOS |

Nesse código, o Decreto n. 3.048/99, Anexo IV, é confuso, pois somente é mencionado o agente gás natural e, de forma genérica, petróleo e xisto betuminoso. Ora, o petróleo pode gerar diversos tipos de hidrocarbonetos (aromáticos, alifáticos, halogenados e policíclicos).

Desse modo, primeiramente é necessário analisar os hidrocarbonetos emanados em cada processo, para posterior quantificação e comparação com os limites de tolerância.

Para o gás natural, a ACGIH recomenda o limite de tolerância de 1.000 ppm para hidrocarbonetos alifáticos gasosos e 0,50 mg/m$^3$ para fumos de asfalto (betume), como aerosol solúvel em benzeno.

É importante destacar que a NR 15 estabelece limites de tolerância para alguns tipos de hidrocarbonetos, tais como benzeno, tolueno, xileno, estireno, etilbenzeno, n-pentano, n-butano, entre outros. Sendo assim, quando houver limites na NR 15 estes devem ser usados para fins de aposentadoria especial.

A metodologia de avaliação deve tomar como base a NHO 2 da FUNDACENTRO e os métodos NIOSH 2002, 5515, 1003, 1501 e 1500.

### 1.9.20. Outras substâncias químicas

| | OUTRAS SUBSTÂNCIAS QUÍMICAS | |
|---|---|---|
| 1.0.19 | GRUPO I – ESTIRENO; BUTADIENO-ESTIRENO; ACRILONITRILA; 1-3 BUTADIENO; CLOROPRENO; MERCAPTANOS, n-HEXANO, DIISOCIANATO DE TOLUENO (TDI); AMINAS AROMÁTICAS | 25 ANOS |
| | a) fabricação e vulcanização de artefatos de borracha; | |
| | b) fabricação e recauchutagem de pneus. | |
| | GRUPO II – AMINAS AROMÁTICAS, AMINOBIFENILA, AURAMINA, AZATIOPRINA, BIS (CLORO METIL) ÉTER, 1-4 BUTANODIOL, DIMETANOSULFONATO (MILERAN), CICLOFOSFAMIDA, CLOROAMBUCIL, DIETILESTIL-BESTROL, ACRONITRILA, NITRONAFTILAMINA 4-DIMETIL--AMINOAZOBENZENO, BENZOPIRENO, BETA-PROPIOLACTONA, BISCLOROETILETER, BISCLOROMETIL, CLOROMETILETER, DIANIZIDINA, DICLOROBENZIDINA, DIETILSULFATO, DIMETILSULFATO, ETILENOAMINA, ETILENOTIUREIA, FENACETINA, IODETO DE METILA, ETILNITROSUREIAS, METILENO-ORTOCLOROANILINA (MOCA), NITROSAMINA, ORTOTOLUIDINA, OXIME-TALONA, PROCARBAZINA, PROPANOSULTONA, 1-3-BUTADIENO, ÓXIDO DE ETILENO, ESTILBENZENO, DIISOCIANATO DE TOLUENO (TDI), CREOSOTO, 4-AMINODIFENIL, BENZIDINA, BETANAFTILAMINA, ESTIRENO, 1-CLORO-2, 4-NITRODIFENIL, 3-POXIPRO-PANO | |
| | a) manufatura de magenta (anilina e ortotoluidina); | |
| | b) fabricação de fibras sintéticas; | |
| | c) sínteses químicas; | |
| | d) fabricação da borracha e espumas; | |
| | e) fabricação de plásticos; | |
| | f) produção de medicamentos; | |
| | g) operações de preservação da madeira com creosoto; | |
| | h) esterilização de materiais cirúrgicos. | |

Nesse código o regulamento menciona dois grupos de substâncias. No grupo I são mencionados alguns hidrocarbonetos, mercaptanos e aminas aromáticas. No grupo II são mencionados novamente aminas aromáticas, hidrocarbonetos, TDI, entre outros.

Como mencionado várias vezes, o Decreto n. 3.048/99, em seu Anexo IV, determina que a concentração do agente químico deve ser superior ao limite de tolerância para que a atividade seja considerada especial.

Para os vários agentes químicos listados, a NR 15 estabelece limites de tolerância, tais como: Estireno 78 ppm ou 328 mg/m$^3$; metil e etil mercaptana 0,40 ppm ou 0,80 mg/m$^3$; diisocianato de tolueno: 0,016 ppm ou 0,11 mg/m$^3$. Na ausência de limites na NR 15, deve-se recorrer à ACGIH.

Assim, por exemplo, a ACGIH recomenda limite de tolerância de 50 ppm para o n-hexano. Outras substâncias nem possuem limite por serem cancerígenas, como a benzidina.

Portanto, para obter a proteção efetiva da exposição aos agentes químicos é necessário o gerenciamento dessas medidas, caso contrário, a atividade será caracterizada como especial e, consequentemente, a empresa será obrigada a recolher a contribuição sindical para o financiamento do benefício.

### 1.9.21. Agentes químicos não mencionados no regulamento

Examinando o rol de agentes químicos mencionados no Anexo IV do Decreto n. 3.048/99, verifica-se a omissão de diversos agentes nocivos à saúde dos trabalhadores. Assim, a seguir são relacionados alguns desses agentes, inclusive previstos como insalubres na NR 15.

| AGENTES QUÍMICOS | LIMITE DE TOLERÂNCIA — NR 15 | |
|---|---|---|
| | ppm | mg/m$^3$ |
| Ácido clorídrico | 4 | 5,5 |
| Ácido cianídrico | 8 | 9 |
| Ácido acético | 8 | 20 |
| Ácido fluorídrico | 2,5 | 1,50 |
| Amônia | 20 | 14 |
| Dióxido de enxofre | 4 | 10 |
| Ozona | 0,08 | 0,16 |
| Dióxido de nitrogênio | 4 | 7 |
| Óxido nítrico | 20 | 23 |

Além disso, o Anexo 13, NR 15, considera vários agentes, por avaliação qualitativa, que não são mencionadas no regulamento, tais como: manuseio de álcalis cáustico e poeira de bagaço de cana.

Existem agentes que também são omitidos pela NR 15, como poeira de algodão e poeira de madeira. No entanto, a ACGIH recomenda limites para esses agentes, pois são importantes do ponto de vista ocupacional.

Portanto, é necessária uma revisão geral do Quadro IV do regulamento, vez que ao determinar que a relação dos agentes químicos é exaustiva, e considerando que nessa relação houve omissão de vários agentes, o reconhecimento do direito à aposentadoria especial administrativamente muitas vezes é dificultado ou até indeferido pelo órgão competente do INSS.

Portanto, na avaliação dos agentes químicos desse grupo, é necessária a análise do processo, para identificar as substâncias presentes e realizar posteriormente a avaliação. O regulamento menciona alguns processos em que pode ocorrer a exposição a esses agentes.

### 1.9.22. Eliminação/neutralização

O controle dos agentes químicos pode ser feito por meio de medidas coletivas, administrativas ou organização do trabalho e uso de EPI. Dentre as medidas de proteção coletivas destacam-se: sistema de ventilação diluidora e exaustora, umidificação, substituição do produto tóxico e alteração do processo. Quanto ao EPI, é necessário a implantação do Programa de Proteção Respiratória, conforme a Instrução 01/94 do MTE. Nesse programa destaca-se o fator de proteção dos respiradores, pois com esse dado é possível verificar se o referido EPI reduz a concentração do agente a níveis abaixo do limite de tolerância. Outros equipamentos de proteção são: luvas, aventais, protetores faciais, creme de proteção contra contato com produtos químicos, entre outros.

As medidas administrativas ou de organização do trabalho destacam-se em redução do tempo de exposição e pausas.

### 1.10. Agentes biológicos

**APOSENTADORIA ESPECIAL – AGENTES BIOLÓGICOS**

A NR 15 e a ACGIH não estabelecem limites de tolerância para agentes biológicos. Além disso, o Decreto n. 3.048/99 não considera para a caracterização da aposentadoria a intensidade ou concentração acima do limite de tolerância. Assim, o Quadro Anexo IV, código 3.0.0 do Decreto n. 3.048/99, estabelece:

| | BIOLÓGICOS | |
|---|---|---|
| 3.0.0 | Exposição aos agentes citados unicamente nas atividades relacionadas. | |
| 3.0.1 | **MICROORGANISMOS E PARASITAS INFECTOCONTAGIOSOS VIVOS E SUAS TOXINAS** (Redação dada pelo Decreto n. 4.882, de 2003)<br>a) trabalhos em estabelecimentos de saúde em contato com pacientes portadores de doenças infectocontagiosas ou com manuseio de materiais contaminados;<br>b) trabalhos com animais infectados para tratamento ou para o preparo de soro, vacinas e outros produtos;<br>c) trabalhos em laboratórios de autópsia, de anatomia e anátomo-histologia;<br>d) trabalho de exumação de corpos e manipulação de resíduos de animais deteriorados;<br>e) trabalhos em galerias, fossas e tanques de esgoto;<br>f) esvaziamento de biodigestores;<br>g) coleta e industrialização do lixo. | 25 ANOS |

Examinando o quadro do regulamento vigente, verifica-se que o item *"a"* é relativo à situação que gera maior controvérsia, pois é conflitante com a NR 15, Anexo 14, e com os regulamentos anteriores. O Decreto n. 3.048/99 exige que o paciente seja portador de doença infectocontagiosa para concessão do direito à aposentadoria especial. Essa regra é contrária aos Decretos ns. 53.831/64 e 8.308/79, que estabelecem como condição para concessão do benefício o contato com doentes ou material infectocontagiante, ou seja, não exigia que o paciente fosse portador de doença infectocontagiosa. Além disso, esses decretos consideram como especiais os profissionais de saúde, tais como médicos, enfermeiros, dentistas, entre outros. Assim, na via administrativa, o INSS reconhece o direito à aposentadoria especial para esses profissionais até a revogação dos referidos Decretos. Com relação às demais atividades mencionadas, a maioria delas são consoantes com a NR 15, Anexo 14.

O Anexo 14 da NR 15 considera duas categorias de insalubridade para trabalhos em estabelecimentos de saúde:

Em caso de contato com pacientes em isolamento por doenças infectocontagiosas, a insalubridade é de grau máximo. Já a insalubridade de grau médio exige somente o contato com pacientes, sem condicionar que estes sejam portadores de doenças infectocontagiosas.

Desse modo, os profissionais da área médica em estabelecimentos de saúde em contato permanente com pacientes têm grande possibilidade de obtenção do direito à aposentadoria especial por meio de ação judicial com base na Súmula n. 198 do antigo TFR, conforme comentado anteriormente.

## 1.11. Associação dos agentes

O Quadro IV, código 4.0.0 do Decreto n. 3.048/99, dispõe:

| | ASSOCIAÇÃO DE AGENTES (Redação dada pelo Decreto n. 4.882, de 2003) | |
|---|---|---|
| 4.0.0 | Nas associações de agentes que estejam acima do nível de tolerância, será considerado o enquadramento relativo ao que exigir menor tempo de exposição. (Redação dada pelo Decreto n. 4.882, de 2003) | |
| | **FÍSICOS, QUÍMICOS E BIOLÓGICOS** | |
| 4.0.1 | a) mineração subterrânea cujas atividades sejam exercidas afastadas das frentes de produção. | 20 ANOS |
| | **FÍSICOS, QUÍMICOS E BIOLÓGICOS** | |
| 4.0.2 | a) trabalhos em atividades permanentes no subsolo de minerações subterrâneas em frente de produção. | 15 ANOS |

Até 18.11.2003, o Decreto n. 3.048/99 não exigia que os agentes fossem superiores aos limites de tolerância para configuração da atividade como especial.

Nas atividades mencionadas no quadro, em minas subterrâneas, o risco de exposição ocupacional aos agentes físicos, químicos e biológicos era presumido.

Entretanto, o Decreto n. 4.882, de 18.11.2003, deu nova redação ao código 4.0.0 do Anexo IV do Decreto n. 3.048/99, passando a exigir que a intensidade ou concentração dos agentes fosse superior aos limites para fins de concessão do direito à aposentadoria especial.

Além disso, o referido Decreto determina que o enquadramento será relativo ao agente com menor tempo de trabalho.

Examinando a nova redação do Decreto, a nosso ver, ela é confusa e dificulta o enquadramento da aposentadoria especial, especialmente nas minas subterrâneas, tendo em vista a consideração a seguir: o Decreto exige que a associação de agentes físicos, químicos e biológicos deve superar o limite de tolerância. A NR 15 e o quadro do Decreto n. 3.048/99, código 3.0.0, não condicionam a aposentadoria por esses agentes a serem superiores aos limites, ou seja, a exposição ao risco é presumida e, portanto, a avaliação é qualitativa. Além disso, há agentes físicos e químicos também com avaliação qualitativa.

O Decreto determina o enquadramento do agente relativo ao menor tempo de trabalho. Ora, os agentes físicos, químicos e biológicos ensejam o direito à aposentadoria especial de 25 anos, a não ser no caso específico do asbesto. Assim, por exemplo, para o trabalhador exposto a calor, poeira e vibração acima dos limites por todos esses agentes, a aposentadoria é de 25 anos. Desse modo, a redação do Decreto não é clara, e a instrução normativa vigente também não esclarece a dúvida.

O Quadro IV, códigos 4.0.1 e 4.0.2, especifica as atividades, especificamente em mina subterrânea, com presunção de associação de agentes físicos, químicos e biológicos.

Para as atividades nas frentes de produção, a aposentadoria é com 15 anos, enquanto para aquelas executadas afastadas dessas frentes, a aposentadoria é com 20 anos. Nesse caso, a atividade deverá ser definida pelo agente ou pela atividade? A interpretação mais adequada nessa situação é verificar se a concentração ou intensidade dos agentes são superiores aos limites. Em seguida, analisar a atividade desenvolvida na mina subterrânea, visando o enquadramento do tempo de trabalho para fins de aposentadoria especial.

Assim, por exemplo, um trabalhador que executa sua atividade na frente de produção exposto a ruído, calor e vibração acima dos limites terá sua aposentadoria após 15 anos.

Todavia, a melhor solução será o regulamento revisar a redação desse item, tornando-a mais clara, de forma a facilitar o enquadramento correto da aposentadoria especial.

# Capítulo III — Laudo Técnico

## 1. Considerações gerais

A comprovação da efetiva exposição do segurado aos agentes nocivos será feita mediante formulário, na forma estabelecida pelo Instituto Nacional do Seguro Social — INSS, emitido pela empresa ou seu preposto, com base em laudo técnico de condições ambientais do trabalho expedido por médico do trabalho ou engenheiro de segurança do trabalho nos termos da legislação trabalhista (art. 58, § 1º da Lei n. 82.13/91, redação dada pela Lei n. 9.732, de 11.12.1998).

O laudo técnico é um documento com caráter pericial de iniciativa da empresa, visando caracterizar ou não, conclusivamente, a presença de agentes nocivos à saúde ou integridade física relacionados no Anexo IV do Decreto n. 3.048/99. É a opinião científica sobre a situação ambiental, devendo refletir a realidade do momento da avaliação (MARTINEZ, 2007, p. 73).

A finalidade desse laudo é a comprovação ou não da exposição a riscos ambientais e constitui um documento fundamental para o INSS deferir ou não o direito à aposentadoria pela via administrativa. Ademais, no caso de indeferimento da aposentadoria pelo órgão competente do INSS, o laudo será prova substancial para o trabalhador pleitear seu direito perante a justiça.

Conforme mencionado anteriormente, a legislação previdenciária determina que a responsabilidade da emissão do laudo técnico é do engenheiro de segurança ou médico do trabalho. Desse modo, esses profissionais devem ter conhecimentos técnicos de higiene ocupacional, vez que o laudo deve contemplar avaliação quantitativa e qualitativa dos agentes físicos, químicos e biológicos. Além disso, sua elaboração deve ser feita com rigor técnico, ética e imparcialidade, de maneira a não prejudicar o trabalhador nem a Previdência

O laudo técnico passou a ser exigido pela Medida Provisória n. 1.523/96, que explicitou a necessidade da perícia para prova da exposição a agentes nocivos à saúde. Logo, a não ser no caso do ruído, a exigência do laudo começou a partir de 14.10.1996. Historicamente, o laudo técnico, exclusivamente para o agente físico ruído, começou a ser solicitado a partir 1º.1.1985 (MARTINEZ, 2007, p. 77).

As normas da Previdência, desde que passaram a exigir o laudo técnico para comprovar ou não a exposição ao risco, estabeleceram os itens mínimos que devem estar contidos no referido laudo. Dentre esses itens destacam-se:

— Dados da empresa.

— Setor de trabalho.

— Descrição da atividade e locais onde será realizada em cada setor.

— Registro dos agentes nocivos, sua conceituação, integridade, tempo de exposição, conforme limites de tolerância.

— Métodos, técnicas, aparelhagem e equipamentos usados na avaliação pericial.

— Data e local da realização da perícia.

— Informação sobre a existência e aplicação efetiva do EPI, a partir de 14.12.1998, ou EPC, a partir de 13.10.1996, que neutralizou ou atenuou os efeitos da nocividade dos agentes em relação aos limites de tolerância.

## 2. Demonstrações ambientais

A partir de 2003 as instruções normativas do INSS passaram a exigir as demonstrações ambientais para comparar as condições de trabalho que dão direito à aposentadoria especial.

Segundo a Instrução Normativa n. 45/10 do INSS, as demonstrações ambientais constituem os seguintes documentos:

— Programa de Prevenção de Riscos Ambientais — PPRA

— Programa de Gerenciamento de Riscos — PGR

— Programa de Condições e Meio Ambiente de Trabalho na Indústria da Construção — PCMAT

— Programa de Controle Médico de Saúde Ocupacional — PCMSO

— Laudo Técnico de Condições Ambientais do Trabalho — LTCAT

— Perfil Profissiográfico Previdenciário — PPP

— Comunicação de Acidente do Trabalho — CAT.

### a) Programa de Prevenção de Riscos Ambientais — PPRA

O Programa de Prevenção de Riscos Ambientais — PPRA está regulamentado na NR 09 e tem a finalidade de preservar a saúde e a integridade física dos trabalhadores por meio da antecipação, do reconhecimento, da avaliação e do controle dos riscos ambientais existentes ou que venham a existir no ambiente de trabalho, tendo em consideração a proteção do meio ambiente e dos recursos naturais. Segundo a NR 09, consideram-se riscos ao ambiente os agentes físicos, químicos e biológicos. Os agentes físicos são: ruído, vibração, pressões anormais, temperaturas extremas, radiações ionizantes, radiações não ionizantes, bem como o infrassom e ultrassom, enquanto os agentes químicos são: poeiras, fumos, névoas, neblinas, gases ou vapores. Já os agentes biológicos são: bactérias, fungos, bacilos, parasitas, protozoários, vírus, entre outros. Portanto, o laudo de avaliação qualitativa e quantitativa desses riscos poderá servir de base para a comprovação ou não do direito ao benefício de aposentadoria especial, vez que o regulamento da Previdência também considera para esse fim esses mesmos agentes. No entanto, nesse programa há outras ações de gerenciamento dos riscos ambientais, especialmente as metas e cronogramas de implantação das medidas de controle.

### b) Programa de Gerenciamento de Riscos — PGR

O PGR está regulamentado na NR 22 e tem como finalidade o gerenciamento dos riscos nas minerações subterrâneas a céu aberto, garimpos no que couber beneficiamento de minerais e pesquisa mineral. Esse programa é mais amplo e engloba, além dos riscos físicos, químicos e biológicos, os riscos decorrentes de energia elétrica, máquinas, equipamentos, veículos, trabalhos manuais, trabalho em altura, atmosferas explosivas, entre outros. No entanto, para fins da comprovação ou não da aposentadoria especial, de acordo com o regulamento da previdência, somente os riscos físicos, químicos e biológicos, podem gerar o direito ao benefício. Desse modo, o laudo de avaliação ocupacional desses riscos, a nosso ver, deverá ser bem detalhado, fundamentado e conclusivo.

### c) Programa de Condições e Meio Ambiente de Trabalho na Indústria da Construção — PCMAT

O PCMAT é regulamentado pela NR 18 e estabelece diretrizes de ordem administrativa, de planejamento e de organização que objetivam a implementação de medidas de controle e sistemas preventivos de segurança nos processos, nas condições e no meio ambiente de trabalho na indústria da construção. Esse programa deve contemplar as exigências contidas na NR 9 — Programa de Prevenção e Riscos Ambientais (subitem 18.3.1.1).

### d) Programa de Controle Médico de Saúde Ocupacional — PCMSO

O PCMSO é regulamentado pela NR 7 e tem como objetivo a promoção e preservação da saúde de seus trabalhadores. O programa deve ser planejado e implantado com base nos riscos à saúde dos trabalhadores, especialmente os identificados nas avaliações do PPRA. O PCMSO inclui os exames admissional e periódico, de mudança de função, de retorno ao trabalho e demissional. Os exames consistem em avaliação clínica, abrangendo anamnese ocupacional, exame físico e mental e exames complementares. Os exames médicos podem indicar possível exposição dos trabalhadores aos riscos físicos, químicos e biológicos, sendo, desse modo, fundamental num programa de higiene ocupacional, podendo aferir a eficiência das medidas de controle, especialmente o controle por meio de EPI.

### e) Laudo Técnico de Condições Ambientais do Trabalho — LTCAT

O LTCAT tem como finalidade específica a comprovação das condições de trabalho que conferem ou não direito à aposentadoria especial. Como comentado anteriormente, o laudo é fundamental na possível concessão do benefício da aposentadoria especial. Desse modo, nos programas do PPRA, PGR e PCMAT, o laudo de avaliação ocupacional dos riscos ambientais é o documento essencial nas ações preventivas do controle desses riscos

### f) Perfil Profissiográfico Previdenciário — PPP

O Perfil Profissiográfico Previdenciário — PPP constitui-se em um documento histórico-laboral do trabalhador que reúne, entre outras informações, dados administrativos, registros ambientais e resultados de monitoração biológica durante todo o período em que aquele exerceu suas atividades. Esse documento deve ser elaborado com base nas demonstrações ambientais.

### g) Comunicação de Acidente do Trabalho — CAT

Segundo o Decreto n. 3.048/99, a CAT deve ser emitida para fins estatísticos e epidemiológicos. Além disso, esse documento serve como base para o cálculo do FAP (Fator Acidentário de Prevenção). A empresa deverá comunicar o acidente do trabalho à Previdência Social até o primeiro dia útil seguinte ao da ocorrência do referido acidente e, em caso de morte, de imediato à autoridade competente (art. 22 da Lei n. 8.213/91), devendo o segurado, o acidentado ou seus dependentes, bem como o sindicato a que corresponda a sua categoria, receber cópia fiel do documento (art. 22, § 1º da Lei n. 8.213/91). Na falta de comunicação por parte da empresa, pode formalizá-la o próprio acidentado, seus dependentes, a entidade sindical competente, o médico que o assistiu ou qualquer autoridade pública, não prevalecendo nesses casos o prazo previsto neste artigo. No caso de doença profissional ou do trabalho, considera-se como dia do acidente a data do início da incapacidade laborativa para o exercício da atividade habitual, ou o dia da segregação compulsória, ou o dia em que for realizado o diagnóstico, valendo para este efeito o que ocorrer primeiro.

Ademais, as normas previdenciárias determinam que as demonstrações ambientais devem embasar o preenchimento da GEFIP e do formulário para requerimento da aposentadoria especial, devendo a empresa apresentá-los ao INSS sempre que solicitado (IN n. 45/10).

É importante esclarecer o seguinte:

O PPRA é um programa de higiene ocupacional regulamentado pela NR 09 e constitui o reconhecimento e a avaliação quantitativa e qualitativa dos riscos ambientais e seu controle. Portanto, para a elaboração do referido programa é necessária a avaliação dos agentes físicos, químicos e biológicos que poderão comprovar o risco à saúde ou integridade física do trabalhador. Todavia, o objeto do PPRA não é o mesmo da aposentadoria especial e, desse modo, o laudo de avaliação quantitativa às vezes não tem parecer técnico ou conclusão sobre o direito ou não à aposentadoria especial. Da mesma forma, o PCMAT e o PGR também são programas de gerenciamento de risco estabelecidos na NR 18 e NR 22, respectivamente, onde a avaliação dos riscos ambientais não tem objetivo de comprovar o direito à aposentadoria especial. Já a CAT e o PCMSO não têm nenhuma relação com a aposentadoria especial, ou seja, o que dá direito a esse benefício é a condição de exposição ocupacional aos riscos ambientais, não sendo necessário que o trabalhador adquira doença ocupacional para obter o benefício. Portanto, a nosso ver, não tem sentido exigir a CAT nem exames médicos para esse fim.

O LTCAT é um documento de maior importância no embasamento da comprovação do direito à aposentadoria especial. Portanto, a nosso ver, a exigência de demonstrações ambientais somente confunde os profissionais na elaboração dos laudos de avaliação e burocratiza a documentação para fins de obtenção do benefício.

Desse modo, mesmo nos programas do PPRA, PGR, PCMAT a empresa deverá realizar avaliação dos riscos físicos, químicos e biológicos e elaborar um laudo técnico de forma conclusiva para atender aos programas e à aposentadoria especial. Esse laudo deverá conter o que se segue.

## 3. Laudo Técnico de Condições Ambientais do Trabalho — LTCAT

Segundo a IN n. 45/10, as empresas desobrigadas do cumprimento das normas do Ministério do Trabalho devem elaborar o LTCAT. Além disso, mesmo aquelas obrigadas ao cumprimento das referidas normas poderão optar pela elaboração do LTCAT, visando a comprovação ou não da exposição ocupacional a agentes físicos, químicos e biológicos. A IN n. 45/10 estabelece que esse documento deve ter a seguinte estrutura:

I – reconhecimento dos fatores de riscos ambientais;

II – estabelecimento de prioridades e metas de avaliação e controle;

III – avaliação dos riscos e da exposição dos trabalhadores;

IV – especificação e implantação de medidas de controle e avaliação de sua eficácia;

V – monitoramento da exposição aos riscos;

VI – registro e divulgação dos dados;

VII – avaliação global do seu desenvolvimento, pelo menos uma vez ao ano ou sempre que ocorrer qualquer alteração no ambiente de trabalho ou em sua organização, contemplando a realização dos ajustes necessários e estabelecimento de novas metas e prioridades.

§ 1º Para o cumprimento do inciso I, deve-se contemplar:

a) a identificação do fator de risco;

b) a determinação e localização das possíveis fontes geradoras;

c) a identificação das possíveis trajetórias e dos meios de propagação dos agentes no ambiente de trabalho;

d) a identificação das funções e determinação do número de trabalhadores expostos;

e) a caracterização das atividades e do tipo da exposição;

f) a obtenção de dados existentes na empresa, indicativos de possível comprometimento da saúde decorrente do trabalho;

g) os possíveis danos à saúde, relacionados aos riscos identificados, disponíveis na literatura técnica;

h) a descrição das medidas de controle já existentes.

Examinando os itens que devem estar contidos no LTCAT mencionados na IN n. 45/10, verifica-se que essa norma adotou os mesmos tópicos da NR 09 (PPRA). Ora, para fins de comprovação da atividade como especial ou não, a nosso ver, o LTCAT deve seguir o modelo sugerido nas instruções anteriores, vez que vários itens do PPRA são desnecessários para o laudo. Aliás, dos tópicos mencionados, o mais importante para fins de aposentadoria especial é a avaliação dos riscos e da exposição, o monitoramento, o registro dos dados e a especificação das medidas de controle e sua eficácia. Portanto, mais uma vez a norma do INSS extrapola a finalidade do documento para a obtenção ou não do benefício.

Como vimos a finalidade principal do LTCAT é a comprovação ou não da atividade como especial. Além disso, esse laudo é a base dos programas PPRA, PCMSO, PGR, bem como do procedimento do PPP. Portanto, esse laudo deve ter a seguinte estrutura:

1. **Identificação do GHE (Grupo Homogêneo de Exposição):** Corresponde a um grupo de trabalhadores que experimentam exposição semelhante, de forma que o resultado fornecido pela avaliação da exposição de qualquer trabalhador do grupo seja representativo da exposição do restante dos trabalhadores do mesmo grupo. (subitem 22.17.1.1 da NR 22)

A avaliação por GHE é menos onerosa, pois a avaliação quantitativa e qualitativa feita individualmente eleva o custo da prova pericial do direito ou não ao benefício, portanto, a definição do GHE é o primeiro passo na elaboração do laudo.

Cabe salientar que o laudo não é feito individualmente, como ocorre com o PPP. Sendo assim, o GHE não se confunde com o cargo do empregado. Exemplo: um GHE composto por mecânicos de manutenção. Os trabalhadores desse grupo ficam expostos de maneira similar a ruído, contato com óleo mineral e poeira. Portanto, as avaliações quantitativas e qualitativas feitas nos trabalhadores representam o grupo. No entanto, os cargos desses trabalhadores podem ser mecânico I, II e III, técnico mecânico etc.

2. **Descrição da atividade:** Nesse item devem-se descrever as tarefas preponderantes dos trabalhadores do GHE, ou seja, aquelas rotineiras. Essas tarefas que compõem as atividades dos trabalhadores devem ser levantadas em seus locais de trabalho, incluindo entrevistas e acompanhamento do desempenho de suas atividades.

3. **Locais de trabalho:** Identificar os locais de trabalho onde são desenvolvidas as atividades dos trabalhadores de cada GHE.

4. **Identificação dos riscos:** Identificar os riscos ambientais aos quais os trabalhadores do GHE estão expostos, lembrando que somente os riscos físicos, químicos e biológicos ensejam o direito ao benefício.

5. **Avaliação dos riscos:** A avaliação dos riscos é feita pelo método qualitativo e quantitativo, devendo ser feita em cada GHE. A metodologia de avaliação deve tomar como base os métodos da NR 15, FUNDACENTRO, NIOSH, OSHA, entre outras, conforme comentado no Capítulo II.

A avaliação dos riscos ambientais é fundamental na caracterização ou não do direito ao benefício. Desse modo, é importante o acompanhamento do trabalho desenvolvido e uma análise criteriosa dos dados, visando à validação dos dados. Os instrumentos de medição devem ser certificados em laboratórios especializados, bem como os relatórios de análise química fornecidos pelo laboratório.

**6. Parecer técnico:** O laudo deve ser conclusivo pela concessão ou não do direito à aposentadoria especial. É importante tal conclusão, pois caso o trabalhador não obtenha o benefício administrativo, o laudo conclusivo poderá servir de base em eventual ação judicial visando ao reconhecimento do tempo como especial. Deve constar a informação sobre a existência de tecnologia de proteção coletiva ou individual que diminua a intensidade do agente agressivo a limites de tolerância e recomendação sobre sua adoção pelo estabelecimento respectivo, conforme determina o art. 58, § 2º, da Lei n. 8.213/91.

Portanto, a nosso ver, os tópicos comentados atendem à finalidade principal do laudo técnico para a comprovação do direito ao benefício, tanto administrativamente como judicialmente. Além dos tópicos comentados, é importante que o laudo técnico seja claro, objetivo e fundamentado, de forma a permitir a compreensão daqueles a quem são direcionados.

O monitoramento dos riscos citado na instrução normativa é outro item fundamental, pois mantém o laudo sempre atualizado. Aliás, a IN n. 45/10 do INSS estabelece que o laudo deve ser atualizado pelo menos uma vez por ano.

Art 58, § 3º A empresa que não mantiver laudo técnico atualizado com referência aos agentes nocivos existentes no ambiente de trabalho de seus trabalhadores ou que emitir documento de comprovação de efetiva exposição em desacordo com o respectivo laudo estará sujeita à penalidade prevista no art. 133 desta Lei. (Incluído pela Lei n. 9.528, de 1997)

Considera-se o **LTCAT ATUALIZADO** aquele que corresponda às condições ambientais do período a que se refere. (IN 45/10)

São consideradas **ALTERAÇÕES** no ambiente de trabalho ou em sua organização, entre outras, aquelas decorrentes de: (IN 45/10)

I – mudança de *layout*;

II – substituição de máquinas ou de equipamentos;

III – adoção ou alteração de tecnologia de proteção coletiva;

IV – alcance dos níveis de ação estabelecidos no subitem 9.3.6 da NR 09, aprovadas pela Portaria n. 3.214, de 1978, do MTE, se aplicável;

V – extinção do pagamento do adicional de insalubridade.

Cabe ressaltar que, como comentado anteriormente, a responsabilidade técnica pelo laudo é do engenheiro de segurança do trabalho ou do médico do trabalho. Ademais, a IN n. 45/10 exige o número da Anotação de Responsabilidade Técnica – ART junto ao Conselho de Engenharia e Arquitetura — CREA (art. 187, § 3º, IN n. 20/07). Ora, no caso do médico do trabalho não há essa anotação de responsabilidade, pois esse profissional não é registrados no CREA.

Outro aspecto importante é que a norma não estabelece modelo de laudo, como ocorre com o PPP. Sendo assim, o profissional responsável técnico por esse documento pode criar seu modelo, desde que contenha os itens mínimos para comprovação da exposição aos riscos. Todavia, por ser prova extrajudicial, o responsável técnico deve evitar a ingerência dos representantes da empresa no conteúdo do laudo, a não ser que eles se responsabilizem pelas alterações. É importante destacar que a exigência de ART tem a finalidade de dar maior credibilidade à prova pericial

Como mencionado anteriormente, as normas pertinentes determinam que o laudo deve ser atualizado pelo menos uma vez por ano, ou quando ocorrer alteração no ambiente de trabalho. Essa regra, muitas vezes, é interpretada equivocadamente, levando as empresas a realizarem medições desnecessárias e sempre na mesma época do ano. Para evitar isso, a empresa deverá estabelecer estratégia de avaliação dos agentes ambientais, incluindo o tratamento estatístico dos dados, de acordo com as normas técnicas de higiene ocupacional.

A exigência do laudo e sua atualização é fundamental para comprovar a exposição do trabalhador a agentes físicos, químicos e biológicos danosos à saúde. Muitas vezes, o segurado fica prejudicado por falta desse documento. Outra situação frequente é a falta de laudo na época em que o segurado prestou serviços em determinada empresa. Assim, a solução é retroagir o laudo feito em data posterior. No entanto, esse procedimento, às vezes, não é aceito ou é questionado pelo setor de benefício do INSS. Do ponto de vista jurídico, a turma de uniformização de jurisprudência dos Juizados Especiais Federais (JEFs), por meio da Súmula n. 68, firmou o seguinte entendimento:

> **"O laudo pericial não contemporâneo ao período trabalhado é apto à comprovação da atividade especial do segurado."**

# Capítulo IV – Perfil Profissiográfico Previdenciário

## 1. Considerações gerais

O Perfil Profissiográfico Previdenciário foi incluído no art. 58 da Lei n. 8.213/91, que trata da aposentadoria especial, pela Lei n. 9.528/97. Segundo o Regulamento, considera-se Perfil Profissiográfico Previdenciário o documento histórico-laboral do trabalhador, segundo modelo instituído pelo Instituto Nacional do Seguro Social, que, entre outras informações, deve conter registros ambientais, resultados de monitoração biológica e dados administrativos (Decreto n. 3.048, art. 68, § 8º). Sua finalidade, de acordo com art. 271 da Instrução Normativa 45, é:

— comprovar as condições para a habilitação de benefícios e serviços previdenciários, em especial o benefício de aposentadoria especial;

— prover o trabalhador de meios de prova produzidos pelo empregador perante a Previdência Social, a outros órgãos públicos e aos sindicatos, de forma a garantir todo direito decorrente da relação de trabalho, seja ele individual ou difuso e coletivo;

— prover a empresa de meios de prova produzidos em tempo real, de modo a organizar e a individualizar as informações contidas em seus diversos setores ao longo dos anos, possibilitando que a empresa evite ações judiciais indevidas relativas a seus trabalhadores;

— possibilitar aos administradores públicos e privados acessos a bases de informações fidedignas, como fonte primária de informação estatística, para desenvolvimento de vigilância sanitária e epidemiológica, bem como definição de políticas em saúde coletiva.

O PPP foi incluído na subseção IV da Lei n. 8.213/91, que trata da aposentadoria especial. No entanto, a instrução normativa do INSS ampliou sua finalidade, incluindo como fonte de informações estatísticas, conforme mencionado anteriormente. Outras finalidades citadas pela Instrução Normativa é proverem a empresa e o trabalhador meios de prova. Esse documento é fundamental para essas finalidades, pois muitas vezes o trabalhador não consegue o benefício de aposentadoria especial por falta de documentação sobre sua exposição a agentes agressivos à saúde. Para a empresa, a documentação sobre a exposição dos trabalhadores aos riscos também é importante, especialmente para fins de indenizações e adicionais de insalubridade.

O PPP deverá ser emitido com base nas demais demonstrações ambientais (art. 272, § 8º da IN n. 45/10). Dentre esses documentos, o laudo técnico e o PCMSO são os mais importantes para o preenchimento do PPP. No entanto, para fins de obtenção do benefício da aposentadoria especial, o laudo técnico é o principal documento, pois é a comprovação da exposição ou não a agentes físicos, químicos, biológicos ou associação de agentes.

Segundo a Instrução Normativa do INSS a exigência do PPP em relação aos agentes químicos e ao agente físico ruído fica condicionada ao alcance dos níveis de ação de que trata o subitem 9.3.6 da Norma Regulamentadora — NR 09, do Ministério do Trabalho e Emprego — MTE, e aos demais agentes, à simples presença no ambiente de trabalho (IN n. 45/10). Todavia, após a implantação do PPP em meio magnético pela Previdência, será exigido para todos os segurados, devendo abranger também informações relativas fatores de riscos ergonômicos e mecânicos (art. 272, § 10, IN n. 45). Ora, essas informações são importantes somente para fins estatísticos do INSS, vez que esses agentes não geram direito à aposentadoria especial. Contudo, o objetivo da Previdência provavelmente é utilizar o PPP para indiretamente fiscalizar a empresa sobre a segurança e saúde do trabalhador. Essa quantidade de informações, a nosso ver, torna esse documento complexo e burocrático, desvirtuando muitas vezes sua finalidade principal, que é a comprovação da exposição a agentes físicos, químicos, biológicos e associação desses agentes, o que constitui o fato gerador do benefício de aposentadoria especial.

## 2. Exigências do PPP

O requerimento da aposentadoria especial, segundo o período de vigência, era feito por meio dos formulários SB-40, DISES-BE 5235, DSS-8030 e DIRBEN 8030. A partir de 1º.1.2004, o PPP substituiu esses formulários para o requerimento desse benefício (IN n. 45/10).

A substituição dos formulários SB-40, DISES-BE 5235, DSS-8030 e DIRBEN 8030 simplificou o requerimento de solicitação da aposentadoria especial, pois esses formulários deveriam ser acompanhados do laudo técnico. Além disso, era necessário um documento específico para cada período de vigência desses formulários.

Cabe salientar que segundo a IN n. 45/10, mesmo após 1º.1.2004 serão aceitos os formulários referidos no *caput* referentes a períodos laborados até 31.12.2003 quando emitidos até esta data, observando as normas de regência vigentes nas respectivas datas de emissão.

O PPP deve ser elaborado de forma individualizada para cada empregado, trabalhador avulso e cooperado que labore exposto a agentes nocivos químicos, físicos, biológicos ou associação de agentes prejudiciais à saúde ou à integridade física, considerados para fins de concessão de aposentadoria especial, ainda que não presentes os requisitos para a concessão desse benefício, seja pela eficácia dos equipamentos de proteção, coletivos ou individuais, seja por não se caracterizar a permanência (IN n. 45/10).

## 3. Emissão e atualização do PPP

Segundo a IN n. 45/10, o PPP deverá ser emitido pela empresa empregadora, no caso de empregado; pela cooperativa de trabalho ou de produção, no caso de cooperado filiado; pelo OGMO, no caso de trabalhador avulso portuário; e pelo sindicato da categoria, no caso de trabalhador avulso não portuário. Essa norma determina também que o PPP será impresso nas seguintes situações:

— Por ocasião da rescisão do contrato de trabalho ou da desfiliação da cooperativa, sindicato ou OGMO, em duas vias, com fornecimento de uma das vias para o trabalhador, mediante recibo;

— Sempre que solicitado pelo trabalhador, para fins de requerimento de reconhecimento de períodos laborados em condições especiais;

— para fins de análise de benefícios por incapacidade, a partir de 1º de janeiro de 2004, quando solicitado pelo INSS;

— para simples conferência por parte do trabalhador, pelo menos uma vez ao ano, quando da avaliação global anual do Programa de Prevenção de Riscos Ambientais — PPRA, até que seja implantado o PPP em meio magnético pela Previdência Social;

— quando solicitado pelas autoridades competentes.

Desse modo, para atender às situações mencionadas, o empregador deverá elaborar o PPP para todo empregado e mantê-lo em sistema informatizado, permitindo a consulta ou impressão do documento a qualquer momento. A elaboração e emissão desse documento somente quando da rescisão do contrato de trabalho ou para requerer benefício da aposentadoria não é procedimento correto nem atende às prescrições legais.

Outro aspecto importante a ser destacado é a comprovação de entrega do documento pelo empregador. Esse comprovante poderá ser feito em recibo à parte ou no próprio instrumento de rescisão do contrato de trabalho. Ademais, o PPP do empregado e o comprovante de sua entrega deverão ser mantidos na empresa por vinte anos (IN n. 45/10).

A empresa deverá elaborar e manter atualizado o perfil profissiográfico abrangendo as atividades desenvolvidas pelo trabalhador e fornecer a este, quando da rescisão do contrato de trabalho, cópia autêntica desse documento (art. 58, § 4º, da Lei n. 8.213/91). Já a Instrução Normativa n. 45/10 determina que o PPP deverá ser atualizado sempre que houver alterações que impliquem em mudanças das informações. Quando não ocorrer nenhuma alteração, esse documento deverá ser atualizado pelo menos uma vez por ano (art. 272, § 7º).

O PPP é elaborado com base nas demonstrações ambientais, especialmente no laudo técnico e no PCMSO. Assim, esses documentos também devem estar atualizados.

## 4. Responsável pela emissão do PPP

O PPP deverá ser assinado por representante legal da empresa com poderes específicos outorgados em procuração. Além disso, esse documento deve conter a indicação dos profissionais técnicos legalmente habilitados responsáveis pelos registros ambientais e pela monitoração biológica (IN n. 45/10). No formulário do PPP é mencionado também o registro profissional nos respectivos conselhos, no entanto, esses profissionais (médico do trabalho e engenheiro de segurança do trabalho) normalmente não assinam o PPP, ou seja, eles assinam os laudos que embasam esse documento. Para que esses profissionais assinem o PPP, o empregador deve outorgar procuração específica para esse fim, todavia, essa atribuição, a nosso ver, deve ser delegada a profissional do setor Recursos Humanos.

É importante destacar, ainda, que a prestação de informações falsas no PPP constitui crime de falsidade ideológica, nos termos do art. 297 do Código Penal. Além disso, as informações constantes no PPP são de caráter privativo do trabalhador, constituindo crime nos termos da Lei n. 9.029, de 13 de abril de 1995, práticas discriminatórias decorrentes de sua exigibilidade por outrem, bem como de sua divulgação para terceiros, ressalvado quando exigida pelos órgãos públicos competentes (IN n. 45/10).

## 5. Elaboração e modelo do PPP

Conforme vimos anteriormente, o Perfil Profissiográfico Previdenciário — PPP constitui-se em um documento histórico-laboral do trabalhador que reúne, entre outras informações, dados administrativos, registros ambientais e resultados de monitoração biológica durante todo o período em que esse trabalhador exerceu suas atividades. A Instrução Normativa n. 45/10 fornece o modelo do PPP. Esse modelo divide as informações em quatro seções: dados administrativos, registros ambientais, resultado da monitorizarão biológica e declaração de responsabilidade e assinatura. A seguir, a transcrição do modelo separado e comentado em cada seção.

## PERFIL PROFISSIOGRÁFICO PREVIDENCIÁRIO – PPP

| I – SEÇÃO DE DADOS ADMINISTRATIVOS | | | | | | |
|---|---|---|---|---|---|---|
| **1** – CNPJ do Domicílio Tributário/CEI: | | | **2** – Nome Empresarial: | | | **3** – CNAE: |
| **4** – Nome do Trabalhador | | | **5** – BR/PDH | | **6** – NIT | |
| **7** – Data do Nascimento | **8** – Sexo (F/M) | **9** – CTPS (N., Série e UF) | | | **10** – Data de Admissão | **11** – Regime Revezamento |
| **12** – CAT REGISTRADA | | | | | | |
| **12.1** Data do Registro | | **12.2** Número da CAT | | | **12.1** Data do Registro | **12.2** Número da CAT |
| **13** – LOTAÇÃO E ATRIBUIÇÃO | | | | | | |
| **13.1** Período | **13.2** CNPJ/CEI | | **13.3** Setor | **13.4** Cargo | **13.5** Função | **13.6** CBO | **13.7** Cód. GFIP |
| _/_/_ a _/_/_ | | | | | | | |
| _/_/_ a _/_/_ | | | | | | | |
| _/_/_ a _/_/_ | | | | | | | |
| **14** – PROFISSIOGRAFIA | | | | | | |
| **14.1** Período | **14.2** Descrição das Atividades | | | | | |
| _/_/_ a _/_/_ | | | | | | |
| _/_/_ a _/_/_ | | | | | | |
| _/_/_ a _/_/_ | | | | | | |

Nessa seção do formulário devem ser informados os dados administrativos da empresa e do segurado. Os campos dessa seção devem ser preenchidos pelo setor de Recursos Humanos, pois é este o órgão das organizações que controla esses dados. A IN n. 45/10 orienta detalhadamente o preenchimento de cada campo, conforme descrito a seguir:

Dados administrativos:

**1 – CNPJ do Domicílio Tributário/CEI** – CNPJ relativo ao estabelecimento escolhido como domicílio tributário, nos termos do art. 127 do CTN, no formato XXXXXXXX/XXXX-XX; ou Matrícula no Cadastro Específico do INSS (Matrícula CEI) relativa à obra realizada por Contribuinte Individual ou ao estabelecimento escolhido como domicílio tributário que não possua CNPJ, no formato XX.XXX.XXXXX/XX, ambos compostos por caracteres numéricos.

**2 – NOME EMPRESARIAL** – Até 40 (quarenta) caracteres alfanuméricos.

**3 – CNAE** – Classificação Nacional de Atividades Econômicas da empresa, completo, com 7 (sete) caracteres numéricos, no formato XXXXXX-X, instituído pelo IBGE através da Resolução CONCLA n. 07, de 16/12/2002. A tabela de códigos CNAE-Fiscal pode ser consultada na Internet, no site <http://www.cnae.ibge.gov.br>.

**4 – NOME DO TRABALHADOR** – Até 40 (quarenta) caracteres alfabéticos.

**5 – BR/PDH** – BR – Beneficiário Reabilitado; PDH – Portador de Deficiência Habilitado; NA – Não Aplicável. Preencher com base no art. 93, da Lei n. 8.213, de 1991, que estabelece a obrigatoriedade do preenchimento dos cargos de empresas com 100 (cem) ou mais empregados com beneficiários reabilitados ou pessoas portadoras de deficiência, habilitadas, na seguinte proporção:

I – até 200 empregados..................... 2%;

II – de 201 a 500. ............................. 3%;

III – de 501 a 1.000 ......................... 4%;

IV – de 1.001 em diante. ................. 5%.

**6 – NIT** – Número de Identificação do Trabalhador com 11 (onze) caracteres numéricos, no formato XXX.XXXXX.XX-X. O NIT corresponde ao número do PIS/PASEP/CI sendo que, no caso de Contribuinte Individual (CI), pode ser utilizado o número de inscrição no Sistema Único de Saúde (SUS) ou na Previdência Social.

**7 – DATA DO NASCIMENTO** – No formato DD/MM/AAAA.

**8 – SEXO (F/M)** – F – Feminino; M – Masculino.

**9 – CTPS (N., Série e UF)** – Número, com 7 (sete) caracteres numéricos, Série, com 5 (cinco) caracteres numéricos e UF, com 2 (dois) caracteres alfabéticos, da Carteira de Trabalho e Previdência Social.

**10 – DATA DE ADMISSÃO** – No formato DD/MM/AAAA.

**11- REGIME DE REVEZAMENTO** – Regime de Revezamento de trabalho, para trabalhos em turnos ou escala, especificando tempo trabalhado e tempo de descanso, com até 15 (quinze) caracteres alfanuméricos. Exemplo: 24 x 72 horas; 14 x 21 dias; 2 x 1 meses. Se inexistente, preencher com NA – Não Aplicável.

**12 – CAT REGISTRADA** – Informações sobre as Comunicações de Acidente do Trabalho registradas pela empresa na Previdência Social, nos termos do art. 22 da Lei

n. 8.213, de 1991, do art. 169 da CLT, do art. 336 do RPS, aprovado pelo Decreto n. 3.048, de 1999, do item 7.4.8, alínea "a" da NR 07 do MTE e dos itens 4.3.1 e 6.1.2 do Anexo 13-A da NR 15 do MTE, disciplinado pela Portaria MPAS n. 5.051, de 1999, que aprova o Manual de Instruções para Preenchimento da CAT.

**12.1 – Data do Registro** – No formato DD/MM/AAAA.

**12.2 – Número da CAT** – Com 13 (treze) caracteres numéricos, com formato XXXXXXXXXX-X/XX. Os dois últimos caracteres correspondem a um número sequencial relativo ao mesmo acidente, identificado por NIT, CNPJ e data do acidente.

**13 – LOTAÇÃO E ATRIBUIÇÃO** – Informações sobre o histórico de lotação e atribuições do trabalhador, por período. A alteração de qualquer um dos campos – 13.2 a 13.7 – implica, obrigatoriamente, a criação de nova linha, com discriminação do período, repetindo as informações que não foram alteradas.

**13.1- Período** – Data de início e data de fim do período, ambas no formato DD/MM/AAAA. No caso de trabalhador ativo, a data de fim do último período não deverá ser preenchida.

**13.2 – CNPJ/CEI** – Local onde efetivamente o trabalhador exerce suas atividades. Deverá ser informado o CNPJ do estabelecimento de lotação do trabalhador ou da empresa tomadora de serviços, no formato XXXXXXXX/XXXX-XX; ou Matrícula CEI da obra ou do estabelecimento que não possua CNPJ, no formato XX.XXX.XXXXX/XX, ambos compostos por caracteres numéricos.

**13.3 – Setor** – Lugar administrativo na estrutura organizacional da empresa, onde o trabalhador exerce suas atividades laborais, com até 15 (quinze) caracteres alfanuméricos.

**13.4 – Cargo** – Cargo do trabalhador, constante na CTPS, se empregado ou trabalhador avulso, ou constante no Recibo de Produção e Livro de Matrícula, se cooperado, com até 30 (trinta) caracteres alfanuméricos.

**13.5 – Função** – Lugar administrativo na estrutura organizacional da empresa, onde o trabalhador tenha atribuição de comando, chefia, coordenação, supervisão ou gerência. Quando inexistente a função, preencher com NA – Não Aplicável, com até 30 (trinta) caracteres alfanuméricos.

**13.6 – CBO** – Classificação Brasileira de Ocupação vigente à época, com seis caracteres numéricos:

1 – No caso de utilização da tabela CBO relativa a 1994, utilizar a CBO completa com cinco caracteres, completando com "0" (zero) a primeira posição;

2 – No caso de utilização da tabela CBO relativa a 2002, utilizar a CBO completa com seis caracteres. Alternativamente, pode ser utilizada a CBO, com 5 (cinco) caracteres numéricos, conforme Manual da GFIP para usuários do SEFIP, publicado por Instrução Normativa da Diretoria Colegiada do INSS:

1 – No caso de utilização da tabela CBO relativa a 1994, utilizar a CBO completa com cinco caracteres;

2 – No caso de utilização da tabela CBO relativa a 2002, utilizar a família do CBO com quatro caracteres, completando com "0" (zero) a primeira posição.

A tabela de CBO pode ser consultada na Internet, no site <http://www.mtecbo.gov.br>.

**OBS:** Após a alteração da GFIP, somente será aceita a CBO completa, com seis caracteres numéricos, conforme a nova tabela CBO relativa a 2002.

**13.7 – Código Ocorrência da GFIP** – Código Ocorrência da GFIP para o trabalhador, com dois caracteres numéricos, conforme Manual da GFIP para usuários do SEFIP, publicado por Instrução Normativa da Diretoria Colegiada do INSS.

**14 – PROFISSIOGRAFIA** – Informações sobre a profissiografia do trabalhador, por período. A alteração do campo 14.2 implica, obrigatoriamente, a criação de nova linha, com discriminação do período.

**14.1 – Período** – Data de início e data de fim do período, ambas no formato DD/MM/AAAA. No caso de trabalhador ativo, a data de fim do último período não deverá ser preenchida.

**14.2 – Descrição das Atividades** – Descrição das atividades, físicas ou mentais, realizadas pelo trabalhador, por força do poder de comando a que se submete, com até 400 (quatrocentos) caracteres alfanuméricos. As atividades deverão ser descritas com exatidão, e de forma sucinta, com a utilização de verbos no infinitivo impessoal.

## REGISTROS AMBIENTAIS

### II – SEÇÃO DE REGISTROS AMBIENTAIS

#### 15 – EXPOSIÇÃO A FATORES DE RISCOS

| 15.1 Período | 15.2 Tipo | 15.3 Fator de Risco | 15.4 Itens./Conc | 15.5 Técnica Utilizada | 15.6 EPC Eficaz (S/N) | 15.7 EPI Eficaz (S/N) | 15.8 CA EPI |
|---|---|---|---|---|---|---|---|
| __/__/__ a __/__/__ | | | | | | | |
| __/__/__ a __/__/__ | | | | | | | |
| __/__/__ a __/__/__ | | | | | | | |

**15.9 Atendimento aos requisitos das NR-06 e NR-09 do MTE pelos EPI informados** (S/N)

| | |
|---|---|
| Foi tentada a implementação de medidas de proteção coletiva, de caráter administrativo ou de organização do trabalho, optando-se pelo EPI por inviabilidade técnica, insuficiência ou interinidade, ou ainda em caráter complementar ou emergencial. | |
| Foram observadas as condições de funcionamento e do uso ininterrupto do EPI ao longo do tempo, conforme especificação técnica do fabricante, ajustada às condições de campo. | |
| Foi observado o prazo de validade, conforme Certificado de Aprovação-CA do MTE. | |
| Foi observada a periodicidade de troca definida pelos programas ambientais, comprovada mediante recibo assinado pelo usuário em época própria. | |
| Foi observada a higienização. | |

#### 16 – RESPONSÁVEL PELOS REGISTROS AMBIENTAIS

| 16.1 Período | 16.2 NIT | 16.3 Registro Conselho de Classe | 16.4 Nome do Profissional Legalmente Habilitado |
|---|---|---|---|
| __/__/__ a __/__/__ | | | |
| __/__/__ a __/__/__ | | | |
| __/__/__ a __/__/__ | | | |

Os resultados dos registros ambientais devem ser retirados do laudo técnico. Esse laudo é a prova pericial da exposição do trabalhador ao risco, sendo a responsabilidade técnica do engenheiro de segurança ou médico do trabalho. Portanto, o laudo técnico deve conter as informações detalhadas e fundamentadas exigidas nessa seção.

**15 – EXPOSIÇÃO A FATORES DE RISCOS** – Informações sobre a exposição do trabalhador a fatores de riscos ambientais, por período, ainda que estejam neutralizados, atenuados ou exista proteção eficaz. Facultativamente, também poderão ser indicados os fatores de riscos ergonômicos e mecânicos.

A alteração de qualquer um dos campos – 15.2 a 15.8 – implica, obrigatoriamente, a criação de nova linha, com discriminação do período, repetindo as informações que não foram alteradas.

**OBS.:** Após a implantação da migração dos dados do PPP em meio magnético pela Previdência Social, as informações relativas aos fatores de riscos ergonômicos e mecânicos passarão a ser obrigatórias.

Como comentado anteriormente, a exigência de informações dos riscos mecânicos e ergonômicos visa somente dados estatísticos da Previdência, vez que não geram aposentadoria especial.

**15.1 – Período** – Data de início e data de fim do período, ambas no formato DD/MM/AAAA. No caso de trabalhador ativo, a data de fim do último período não deverá ser preenchida.

**15.2 – Tipo** – F – Físico; Q – Químico; B – Biológico; E – Ergonômico/Psicossocial, M – Mecânico/de Acidente, conforme classificação adotada pelo Ministério da Saúde, em "Doenças Relacionadas ao Trabalho: Manual de Procedimentos para os Serviços de Saúde", de 2001. A indicação do Tipo "E" e "M" é facultativa. O que determina a associação de agentes é a superposição de períodos com fatores de risco diferentes.

**15.3 – Fator de Risco** – Descrição do fator de risco, com até 40 (quarenta) caracteres alfanuméricos. Em se tratando do Tipo "Q", deverá ser informado o nome da substância ativa, não sendo aceitas citações de nomes comerciais.

**15.4 – Intensidade / Concentração** – Intensidade ou Concentração, dependendo do tipo de agente, com até 15 (quinze) caracteres alfanuméricos. Caso o fator de risco não seja passível de mensuração, preencher com NA – Não Aplicável.

Nesse campo, o formulário deverá conter também o limite de tolerância, pois o perito do INSS poderá ter dificuldade na análise devido à falta do limite, especialmente em relação aos agentes poeira de sílica e vibração.

**15.5 – Técnica Utilizada** – Técnica utilizada para apuração do item 15.4, com até 40 (quarenta) caracteres alfanuméricos. Caso o fator de risco não seja passível de mensuração, preencher com NA – Não Aplicável.

Cabe ressaltar que a técnica e metodologia detalhada devem ser especificadas no laudo.

**15.6 – EPC Eficaz** – (S/N) S – Sim; N – Não, considerando se houve ou não a eliminação ou a neutralização, com base no informado nos itens 15.2 a 15.5, assegurada as condições de funcionamento do EPC ao longo do tempo, conforme especificação técnica do fabricante e respectivo plano de manutenção.

Nesse caso, é importante destacar se os EPIs são capazes de reduzir a intensidade ou a concentração a níveis abaixo dos limites, com base no fator de proteção constante no certificado de aprovação. Exemplo: Informar o NRRsf do protetor auricular para o agente ruído.

**15.7 – EPI Eficaz** – (S/N) S – Sim; N – Não, considerando se houve ou não a atenuação, com base no informado nos itens 15.2 a 15.5.

**15.8 – C.A. EPI** – Número do Certificado de Aprovação do MTE para o Equipamento de Proteção Individual referido no campo 154.7, com 5 (cinco) caracteres numéricos. Caso não seja utilizado EPI, preencher com NA – Não Aplicável.

**15.9 – ATENDIMENTO AOS REQUISITOS DAS NR 06 E NR 09 DO MTE PELOS EPI INFORMADOS** – Observação do disposto na NR 06 do MTE, assegurada a observância:

1 – da hierarquia estabelecida no item 9.3.5.4 da NR 09 do MTE (medidas de proteção coletiva, medidas de caráter administrativo ou de organização do trabalho e utilização de EPI, nesta ordem, admitindo-se a utilização de EPI somente em situações de inviabilidade técnica, insuficiência ou interinidade à implementação do EPC, ou ainda em caráter complementar ou emergencial);

2 – das condições de funcionamento do EPI ao longo do tempo, conforme especificação técnica do fabricante ajustada às condições de campo;

3- do prazo de validade, conforme Certificado de Aprovação do MTE;

4- da periodicidade de troca definida pelos programas ambientais, devendo esta ser comprovada mediante recibo; e

5- dos meios de higienização.

Com relação às informações constantes no item 15.9, quando respondidas de maneira afirmativa, é importante que a empresa as documente em seus programas de demonstrações ambientais, pois a ação fiscal do INSS pode requerer tal prova.

A Portaria n. 121 de 30/09/09 do MTE estabelece as normas técnicas de ensaios e requisitos obrigatórios aplicáveis aos EPI's enquadrados no anexo I da NR 06, item 3.5 determina que na proteção auditiva, o fabricante deve disponibilizar no manual de instrução ou na embalagem do equipamento instruções de uso, conservação e limpeza, bem como o prazo máximo para substituição (inserido pela Portaria SIT 145 de 28/01/10).

**16 – RESPONSÁVEL PELOS REGISTROS AMBIENTAIS** – Informações sobre os responsáveis pelos registros ambientais, por período.

**16.1 – Período Data de início e data de fim do período** – ambas no formato DD/MM/AAAA. No caso de trabalhador ativo sem alteração do responsável, a data de fim do último período não deverá ser preenchida.

**16.2 – NIT** – Número de Identificação do Trabalhador com 11 (onze) caracteres numéricos, no formato XXX.XXXXX.XX-X. O NIT corresponde ao número do PIS/PASEP/CI sendo que, no caso de Contribuinte Individual (CI), pode ser utilizado o número de inscrição no Sistema Único de Saúde (SUS) ou na Previdência Social.

**16.3 – Registro Conselho de Classe** – Número do registro profissional no Conselho de Classe, com 9 (nove) caracteres alfanuméricos, no formato XXXXXX-X/XX ou

XXXXXXX/XX. A parte "-X" corresponde à D – Definitivo ou P – Provisório. A parte "/XX" deve ser preenchida com a UF, com 2 (dois) caracteres alfabéticos. A parte numérica deverá ser completada com zeros à esquerda.

16.4 – **Nome do Profissional Legalmente Habilitado** – Até 40 (quarenta) caracteres alfabéticos.

## RESULTADOS DE MONITORAÇÃO BIOLÓGICA

### III – SEÇÃO DE RESULTADOS DE MONITORAÇÃO BIOLÓGICA

#### 17 – EXAMES MÉDICOS CLÍNICOS E COMPLEMENTARES (Quadros I e II, da NR 07)

| 17.1 Data | 17.2 Tipo | 17.3 Natureza | 17.4 Exame (R/S) | 17.5 Indicação de Resultados |
|---|---|---|---|---|
| __/__/__ | | | ( ) Normal | ( ) Alterado<br>( ) Estável<br>( ) Agravamento<br>( ) Ocupacional<br>( ) Não Ocupacional |
| __/__/__ | | | ( ) Normal | ( ) Alterado<br>( ) Estável<br>( ) Agravamento<br>( ) Ocupacional<br>( ) Não Ocupacional |
| __/__/__ | | | ( ) Normal | ( ) Alterado<br>( ) Estável<br>( ) Agravamento<br>( ) Ocupacional<br>( ) Não Ocupacional |

### 18 – RESPONSÁVEL PELA MONITORAÇÃO BIOLÓGICA

| 18.1 Período | 18.2 NIT | 18.3 Registro Conselho de Classe | 18.4 Nome do Profissional Legalmente Habilitado |
|---|---|---|---|
| __/__/__ | | | |
| __/__/__ | | | |
| __/__/__ | | | |

**17 – EXAMES MÉDICOS CLÍNICOS E COMPLEMENTARES** – Informações sobre os exames médicos obrigatórios, clínicos e complementares, realizados para o trabalhador, constantes nos Quadros I e II, da NR 07 do MTE.

17.1 – **Data** – No formato DD/MM/AAAA.

17.2 – **Tipo** – A – Admissional; P – Periódico; R – Retorno ao Trabalho; M – Mudança de Função; D – Demissional.

17.3 – **Natureza** – Natureza do exame realizado, com até 50 (cinquenta) caracteres alfanuméricos. No caso dos exames relacionados no Quadro I da NR 07, do MTE, deverá ser especificada a análise realizada, além do material biológico coletado.

17.4 – **Exame (R/S)** – R – Referencial; S – Sequencial.

17.5 – **Indicação de Resultados** – Preencher Normal ou Alterado. Só deve ser preenchido Estável ou Agravamento no caso de Alterado em exame Sequencial. Só deve ser preenchido Ocupacional ou Não Ocupacional no caso de Agravamento.

**OBS:** No caso de Natureza do Exame "Audiometria", a alteração unilateral poderá ser classificada como ocupacional, apesar de a maioria das alterações ocupacionais serem constatadas bilateralmente.

**18 – RESPONSÁVEL PELA MONITORAÇÃO BIOLÓGICA** – Informações sobre os responsáveis pela monitoração biológica, por período.

18.1 – **Período** – Data de início e data de fim do período, ambas no formato DD/MM/AAAA. No caso de trabalhador ativo sem alteração do responsável, a data de fim do último período não deverá ser preenchida.

18.2 – **NIT** – Número de Identificação do Trabalhador com 11 (onze) caracteres numéricos, no formato XXX.XXXXX.XX-X.

O NIT corresponde ao número do PIS/PASEP/CI, sendo que, no caso de Contribuinte Individual (CI), pode ser utilizado o número de inscrição no Sistema Único de Saúde (SUS) ou na Previdência Social.

18.3 – **Registro Conselho de Classe** – Número do registro profissional no Conselho de Classe, com 9 (nove) caracteres alfanuméricos, no formato XXXXXX-X/XX ou XXXXXXX/XX.

A parte "-X" corresponde à D – Definitivo ou P – Provisório.

A parte "/XX" deve ser preenchida com a UF, com 2 (dois) caracteres alfabéticos.

A parte numérica deverá ser completada com zeros à esquerda.

18.4 – **Nome do Profissional Legalmente Habilitado** – Até 40 (quarenta) caracteres alfabéticos.

## RESPONSABILIDADE PELAS INFORMAÇÕES

### IV 2 RESPONSÁVEIS PELAS INFORMAÇÕES

Declaramos, para todos os fins de direito, que as informações prestadas neste documento são verídicas e foram transcritas fielmente dos registros administrativos, das demonstrações ambientais e dos programas médicos de responsabilidade da empresa. É de nosso conhecimento que a prestação de informações falsas neste documento constitui crime de falsificação de documento público, nos termos do art. 297 do Código Penal e, também, que tais informações são de caráter privativo do trabalhador, constituindo crime, nos termos da Lei n. 9.029/95, práticas discriminatórias decorrentes de sua exigibilidade por outrem, bem como de sua divulgação para terceiros, ressalvado quando exigida pelos órgãos públicos competentes.

| 19 – Data Emissão PPP | 20 – REPRESENTANTE LEGAL DA EMPRESA | |
|---|---|---|
| __/__/__ | **20.1** NIT<br><br>(Carimbo) | **20.2** Nome<br><br>_____<br>(Assinatura) |
| OBSERVAÇÕES | | |

**19 – DATA DE EMISSÃO DO PPP** – Data em que o PPP é impresso e assinado pelos responsáveis, no formato DD/MM/AAAA.

**20 – REPRESENTANTE LEGAL DA EMPRESA** – Informações sobre o Representante Legal da empresa, com poderes específicos outorgados por procuração.

**20.1 – NIT** – Número de Identificação do Trabalhador com 11 (onze) caracteres numéricos, no formato XXX.XXXXX.XX-X.

O NIT corresponde ao número do PIS/PASEP/CI, sendo que, no caso de contribuinte individual (CI), pode ser utilizado o número de inscrição no Sistema Único de Saúde (SUS) ou na Previdência Social.

**20.2 – Nome** – Até 40 caracteres alfabéticos.

Carimbo e Assinatura – Carimbo da Empresa e Assinatura do Representante Legal.

**OBSERVAÇÕES:**

Devem ser incluídas neste campo, informações necessárias à análise do PPP, bem como facilitadoras do requerimento do benefício, como por exemplo, esclarecimento sobre alteração de razão social da empresa, no caso de sucessora ou indicador de empresa pertencente a grupo econômico.

# Capítulo V

## 1. Súmulas e jurisprudências

### 1.1. Súmulas da Turma Nacional de Uniformização dos Juizados Especiais Federais

Súmula n. 9 – DJ DATA: 5.11.2003 – PG: 00551 – O uso de Equipamento de Proteção Individual (EPI), ainda que elimine a insalubridade, no caso de exposição a ruído, não descaracteriza o tempo de serviço especial prestado.

Súmula n. 23 – DJ DATA: 10.3.2005 – PG: 00539 – As substituições de cargos ou funções de direção ou chefia ou de cargo de natureza especial ocorridas a partir da vigência da Medida Provisória n. 1.522, de 11.10.1996, e até o advento da Lei n. 9.527, de 10.12.1997, quando iguais ou inferiores a trinta dias, não geram direito à remuneração correspondente ao cargo ou função substituída.

Súmula n. 26 – DJ DATA: 22.6.2005 – PG: 00620 – A atividade de vigilante enquadra-se como especial, equiparando-se à de guarda, elencada no item 2.5.7. do Anexo III do Decreto n. 53.831/64.

Súmula n. 32 – DOU DATA: 14.12.2011 – PG: 00179 – ALTERADA – O tempo de trabalho laborado com exposição a ruído é considerado especial, para fins de conversão em comum, nos seguintes níveis: superior a 80 decibéis, na vigência do Decreto n. 53.831/64 e, a contar de 5 de março de 1997, superior a 85 decibéis, por força da edição do Decreto n. 4.882, de 18 de novembro de 2003, quando a Administração Pública reconheceu e declarou a nocividade à saúde de tal índice de ruído.

Súmula n. 49 – DOU DATA: 15.3.2012 – PG: 00119 – Para reconhecimento de condição especial de trabalho antes de 29.4.1995, a exposição a agentes nocivos à saúde ou à integridade física não precisa ocorrer de forma permanente.

Súmula n. 55 – DOU DATA: 7.5.2012 – PG: 00112 – A conversão do tempo de atividade especial em comum deve ocorrer com aplicação do fator multiplicativo em vigor na data da concessão da aposentadoria.

Súmula n. 66 – DOU DATA: 24.9.2012 – PG: 00114 – O servidor público ex-celetista que trabalhava sob condições especiais antes de migrar para o regime estatutário tem direito adquirido à conversão do tempo de atividade especial em tempo comum com o devido acréscimo legal, para efeito de contagem recíproca no regime previdenciário próprio dos servidores públicos.

Súmula n. 68 – DOU DATA: 24.9.2012 – PG: 00114 – O laudo pericial não contemporâneo ao período trabalhado é apto à comprovação da atividade especial do segurado.

### 1.2. Súmulas do Tribunal Federal de Recursos

Estas Súmulas foram promulgadas antes da Constituição Federal de 1988, que extinguiu o TFR.

TFR – SÚMULA N. 198 – 20.11.1985 – DJ 02-12-85 – Aposentadoria Especial — Perícia Judicial — Atividade Perigosa, Insalubre ou Penosa — Inscrição em Regulamento. Atendidos os demais requisitos, é devida a aposentadoria especial, se perícia judicial constata que a atividade exercida pelo segurado é perigosa, insalubre ou penosa, mesmo não inscrita em regulamento.

## 1.3. Jurisprudências

PREVIDENCIÁRIO. APOSENTADORIA ESPECIAL. ATIVIDADE INSALUBRE COMPROVADA POR PERÍCIA TÉCNICA. TRABALHO EXPOSTO A RUÍDOS. ENUNCIADO SUMULAR N. 198/TFR. 1. Antes da lei restritiva, era inexigível a comprovação da efetiva exposição a agentes nocivos, porque o reconhecimento do tempo de serviço especial era possível apenas em face do enquadramento na categoria profissional do trabalhador, à exceção do trabalho exposto a ruído e calor, que sempre se exigiu medição técnica. 2. É assente na jurisprudência deste Superior Tribunal ser devida a concessão de aposentadoria especial quando a perícia médica constata a insalubridade da atividade desenvolvida pela parte segurada, mesmo que não inscrita no Regulamento da Previdência Social (verbete sumular n. 198 do extinto TFR), porque as atividades ali relacionadas são meramente exemplificativas. 3. *In casu*, o laudo técnico para aposentadoria especial foi devidamente subscrito por engenheiro de segurança do trabalho e por técnico de segurança do trabalho, o que dispensa a exigibilidade de perícia judicial. 4. Recurso especial a que se nega provimento. (REsp 689195 / RJ – RECURSO ESPECIAL – STJ – Ministro ARNALDO ESTEVES LIMA (1128) – T5 – QUINTA TURMA – Data do julgamento 7.6.2005)

RECURSO ESPECIAL. APOSENTADORIA ESPECIAL. EQUIPAMENTO DE PROTEÇÃO INDIVIDUAL. SIMPLES FORNECIMENTO. MANUTENÇÃO DA INSALUBRIDADE. Súmula n. 7/STJ. 1. O fato de a empresa fornecer ao empregado o EPI – Equipamento de Proteção Individual – e, ainda que tal equipamento seja devidamente utilizado, não afasta, de per se, o direito ao benefício da aposentadoria com a contagem de tempo especial, devendo cada caso ser apreciado em suas particularidades. 2. Incabível, pela via do recurso especial, o exame acerca da eficácia do EPI para fins de eliminação ou neutralização da insalubridade, ante o óbice do enunciado sumular n. 7/STJ. 3. Recurso especial improvido. (REsp 584859 / ES – RECURSO ESPECIAL – STJ – Ministro ARNALDO ESTEVES LIMA (1128) – T5 – QUINTA TURMA – Data do julgamento 18.8.2005)

PREVIDENCIÁRIO. APOSENTADORIA ESPECIAL. ELETRICISTAS. ATIVIDADE INSALUBRE E PERIGOSA. DECRETO NUM. 53.831/64. IDADE MÍNIMA. INEXISTÊNCIA. Art. 57, DA LEI NUM. 8.213/91. – Aposentadoria especial instituída pela lei num. 3.807/60 e devida aos profissionais que desempenhem suas atividades laborais sujeitos a condições especiais, na forma prevista no decreto num. 53.831/64, que considerou de natureza perigosa o trabalho da categoria dos eletricitários. – O atual plano de benefícios da previdência social, lei num. 8.213/91, afastou o requisito da idade mínima de 50 anos exigido anteriormente, impondo a concessão do benefício quando atendidas as condições de tempo de serviço e insalubridade ou periculosidade da atividade. – Recurso especial não conhecido. (REsp 159817 / MG – RECURSO ESPECIAL – STJ – Ministro VICENTE LEAL (1103) – T6 – SEXTA TURMA – Data do julgamento 19.3.1998)

PREVIDENCIÁRIO. APOSENTADORIA ESPECIAL. CONTAGEM DE TEMPO DE SERVIÇO EM CONDIÇÃO ESPECIAL. POSSIBILIDADE. 1. No regime anterior à Lei n. 9.032/95, para uma atividade ser considerada especial, bastava que estivesse inscrita em regulamento, independentemente da produção de laudo pericial comprovando a efetiva exposição a agentes nocivos. 2. Agravo regimental a que se nega provimento. (AGRESP_200300196510 – (Acórdão) – STJ – Ministro(a) PAULO MEDINA – DJ DATA:08/09/2003 PG:00374 – Decisão: 7.8.2003)

PREVIDENCIÁRIO. APOSENTADORIA ESPECIAL. ATIVIDADE INSALUBRE COMPROVADA POR PERÍCIA TÉCNICA. MECÂNICO. ENUNCIADO SUMULAR N. 198/TFR. 1.

Antes da Lei n. 9.032/95, era inexigível a comprovação da efetiva exposição a agentes nocivos, porque o reconhecimento do tempo de serviço especial era possível apenas em face do enquadramento na categoria profissional do trabalhador, à exceção do trabalho exposto a ruído e calor, que sempre se exigiu medição técnica. 2. É assente na jurisprudência deste Superior Tribunal ser devida a concessão de aposentadoria especial quando a perícia médica constata a insalubridade da atividade desenvolvida pela parte segurada, mesmo que não inscrita no Regulamento da Previdência Social (verbete sumular n. 198 do extinto TFR), porque as atividades ali relacionadas são meramente exemplificativas. 3. In casu, o laudo técnico para aposentadoria especial foi devidamente subscrito por engenheiro de segurança do trabalho, o que dispensa a exigibilidade de perícia judicial. 4. Recurso especial a que se nega provimento. (RESP 200400218443 – (Acórdão) – STJ – Ministro(a) ARNALDO ESTEVES LIMA – DJ DATA: 7.11.2005 – PG: 00345 – Decisão: 20.9.2005)

PREVIDENCIÁRIO. AGRAVO REGIMENTAL EM RECURSO ESPECIAL. CONVERSÃO DO TEMPO DE SERVIÇO EXERCIDO EM CONDIÇÕES ESPECIAIS PARA COMUM. FATOR DE CONVERSÃO. ART. 70, § 2º. DO Decreto n. 4.827/2003. AGRAVO REGIMENTAL DO INSS DESPROVIDO. 1. Tanto no sistema anterior quanto na vigência da Lei n. 8.213/91, foi delegado ao Poder Executivo a fixação dos critérios para a conversão do tempo de serviço especial em tempo de serviço comum. 2. Na vigência da Lei n. 6.887/80, os Decretos ns. 83.080/79 e 87.374/82 não faziam distinção entre o índice adotado para segurados do sexo masculino e feminino. 3. Por sua vez, a Lei n. 8.213/91 trouxe nova disciplina para a aposentadoria por tempo de serviço, prevendo tempo diferenciado para homens e mulheres: 35 anos para homens e 30 para mulheres. Além disso, facultou aos segurados a opção pela aposentadoria com proventos proporcionais ao completar-se, no mínimo, 30 anos de serviço para os homens e 25 para as mulheres. 4. Diante desse novo regramento e considerando que os fatores de conversão são proporcionalmente fixados conforme o tempo de serviço exigido para a aposentadoria, o Decreto n. 357/91, em seu art. 64, manteve o índice de 1,2 para o tempo de serviço especial de 25 anos para a concessão de aposentadoria especial e o tempo de serviço comum de 30 anos para mulher. Já para o tempo de serviço comum de 35 anos para o homem, estabeleceu o multiplicador em 1,4. 5. Essa disposição quanto ao fator de conversão para o tempo de serviço especial de 25 anos foi mantida pelos Decretos ns. 611/92, 2.172/97, 3.048/99 e 4.827/2003, tendo esse último normativo determinado que o tempo de serviço especial laborado em qualquer período será regido pelas regras de conversão nele previstas. 6. No presente caso, a atividade profissional desenvolvida pelo segurado (operador de máquina injetora, com exposição a ruído elevado) garante a concessão de aposentadoria especial com tempo de serviço de 25 anos, motivo pelo qual para a conversão desse período, para fins de concessão de aposentadoria ao segurado do sexo masculino (tempo comum máximo de 35 anos), deverá ser aplicado o fator de conversão 1,4. 7. Agravo Regimental do INSS desprovido. (AGRESP_200802598600 – (Acórdão) – STJ – Ministro(a) NAPOLEÃO NUNES MAIA FILHO – DJE DATA: 12.4.2010 – Decisão: 23.2.2010)

PREVIDENCIÁRIO E CONSTITUCIONAL. APOSENTADORIA. REVISÃO. PRELIMINARES REJEITADAS. CONVERSÃO DOS PERÍODOS LABORADOS SOB CONDIÇÕES ESPECIAIS EM COMUM. ATIVIDADE DE MOTORISTA E EXPOSIÇÃO A RUÍDOS. POSSIBILIDADE. PRECEDENTES DO STJ E DESTE TRIBUNAL. 1. Os documentos apresentados com a inicial e considerados hábeis à comprovação do exercício de atividade insalubre, legitimam a via processual do mandado de segurança. 2. Não caracteriza sentença ultra/extra petita aquela proferida conforme o pedido do impetrante, determinando a aplicação do cálculo mais benéfico para obtenção do maior valor do benefício previdenciário. 3. A contagem especial do tempo de serviço prestado sob condições especiais constitui direito adquirido do segurado para todos os efeitos. 4. Se o segurado trabalhou sob condições especiais, exercendo uma ou mais atividades em condições prejudiciais à saúde, por período inferior ao exigido para aposentadoria e se também exerceu atividades comuns, os respectivos períodos serão somados, aplicando-se a tabela de conversão, nos termos da Lei n. 6.887/80, regulamentada pelo Decreto n. 83.374/82; Lei n. 8.213/91; Decreto n. 357/91; Decreto n. 611/92; Lei n. 9.032/95; Lei n. 9.711/98; EC n. 20/98. 5. O fornecimento e a utilização de equipamento de proteção não afastam o direito ao benefício da aposentadoria com a contagem de tempo especial. 6. As declarações contidas nos formulários fornecidos pelo INSS e preenchidos e assinados por empregadores constituem prova do labor especial, sendo da empresa empregadora/informante a responsabilidade pela veracidade das declarações prestadas, podendo ser responsabilizada criminalmente em caso de emissão de documento não condizente com a verdade dos fatos. 7. Apelação e remessa oficial desprovidas. (AC 200338000150035 – (Acórdão) – TRF1 – DESEMBARGADOR FEDERAL CARLOS OLAVO – e-DJF1 – DATA: 9.6.2010 – PG: 22 – Decisão: 24.3.2010)

PREVIDENCIÁRIO. REVISÃO DA RMI DA APOSENTADORIA PROPORCIONAL. CONVERSÃO DE TEMPO ESPECIAL EM COMUM. Lei n. 9.032/95. IRRETROATIVIDADE. EXERCÍCIO DE ATIVIDADE EM CONDIÇÕES ESPECIAIS. EXPOSIÇÃO HABITUAL E PERMANENTE A AGENTES AGRESSIVOS (CHUMBO). ENQUADRAMENTO DOS AGENTES AGRESSIVOS NO DECRETO N. 53.831/64 E ANEXO 13 DA PORTARIA N. 3.214 DO MINISTÉRIO DO TRABALHO. JUROS. 1. Subsiste a possibilidade de conversão de tempo especial em comum, mesmo após o advento da Lei n. 9.711/98, porque a revogação do § 5º do art. 57 da Lei n. 8.213/91, prevista no art. 32 da Medida Provisória n. 1.663/15, de 20.11.98, não foi mantida quando da conversão da referida Medida Provisória na Lei n. 9.711, em 20.11.1998. 2. O cômputo do tempo de serviço prestado em condições especiais deve observar a legislação vigente à época da prestação laboral, tal como disposto no § 1º, art. 70 do Decreto n. 3.048/99, com redação do Decreto n. 4.827/03. 3. Não devem receber interpretação retroativa as alterações promovidas no art. 57 da Lei n. 8.213/91 pela Lei n. 9.032/95, especialmente no tocante à necessidade de comprovação, para fins de aposentadoria especial, de efetiva exposição aos agentes potencialmente prejudiciais à saúde ou integridade física do trabalhador (Precedente desta Turma). Portanto, até 28 de abril de 1995, data do advento da Lei n. 9.032, a comprovação de serviço prestado em condições especiais pode ser feita nos moldes anteriormente previstos. 4. No caso dos autos, a efetiva exposição do recorrido a agentes agressivos à saúde comprova-se por prova documental, consubstanciada em formulários DSS 8030, nos quais consta que o autor esteve exposto ao agente chumbo, de modo habitual e permanente, não ocasional, nem intermitente, visto que trabalhou ora na preparação de luvas de chumbo, na soldagem de ligas a base de chumbo. 5. Os formulários do INSS são plenamente hábeis para comprovar a situação de insalubridade. A Lei n. 9.032/95 não exigiu laudo para comprovação das atividades especiais desenvolvidas; somente a partir da vigência da Lei n. 9.528/97, 11.12.97, o laudo passou a ser exigido para as empresas. 6. O multiplicador de 1,4 é o fator definido para a conversão de tempo especial em comum, na hipótese de sujeição da atividade ao agente ruído, visto que a legislação de regência não fez qualquer distinção acerca do parâmetro a ser aplicado no caso de aposentadoria integral ou proporcional. 7. Nas ações de natureza previdenciária, a condenação em juros de mora é de 1% ao mês, com incidência a partir da citação/notificação, dado o caráter alimentar da verba. Precedentes. 8. Apelação e remessa oficial parcialmente providas, tão somente para consignar que os honorários advocatícios devem incidir sobre os valores devidos até o momento da sentença.( AC – APELAÇÃO CIVEL – 200138000439828 – JUIZ FEDERAL GUILHERME MENDONÇA DOEHLER (CONV.) – TRF1 – PRIMEIRA TURMA – DATA: 21.1.2010 – PG: 79)

PREVIDENCIÁRIO — ATIVIDADE SUJEITA A CONDIÇÕES ESPECIAIS — AGENTES NOCIVOS — "GARI" — APOSENTADORIA — CONVERSÃO DO TEMPO DE SERVIÇO — CONTAGEM ESPECIAL. I – Atividades profissionais de coleta de lixo domiciliar e de limpeza de vias públicas, prestadas em caráter permanente, que expõem o trabalhador ao lixo urbano de modo habitual, permanente e durante todo o tempo de serviço computado, sujeitando-o a agentes físicos agressivos (mecânicos, acústicos e térmicos), prejudiciais à saúde ou à integridade física, ensejam, de jure, em tese, a concessão da aposentadoria especial disciplinada no art. 62 do Decreto n. 2.172, de 05.03.1997. II – No caso concreto, não tendo sido o trabalho exercido de modo permanente, habitual e integral durante 25 (vinte e cinco) anos, não há, por consequência, direito à concessão da aposentadoria especial. III – O tempo de trabalho exercido como trabalhador de limpeza urbana deve ser somado, entretanto, após a respectiva conversão, ao tempo de serviço prestado em atividade comum, aplicando-se a tabela de conversão contida no art. 64 do referido decreto. IV – Os oito anos e um mês de serviço prestados pelo autor sob condições especiais equivalem a onze anos e três meses, tempo a ser computado para a concessão da sua aposentadoria. V – O tempo de serviço total, in casu, é de trinta e seis anos, nove meses e dezenove dias (36a. 9m. 19d.) VI – Apelação cível e remessa necessária improvidas. (AC – APELAÇÃO CÍVEL – 245889 – Desembargador Federal NEY FONSECA – TRF2 – PRIMEIRA TURMA – Data: 7.6.2001)

PREVIDENCIÁRIO. APOSENTADORIA POR TEMPO DE SERVIÇO. PERÍODO ESPECIAL NÃO RECONHECIDO. TEMPO DE SERVIÇO PROPORCIONAL NÃO IMPLEMENTADO. VERBAS DE SUCUMBÊNCIA. I. O reconhecimento do tempo especial depende da comprovação do trabalho exercido em condições especiais que, de alguma forma, prejudique a saúde e a integridade física do autor, mediante a legislação aplicável ao tempo da efetiva prestação dos serviços. II. As atividades do autor, na condição de Escriturário, Auxiliar Administrativo/Encarregado de Ambulatório e Chefe de Setor eram eminentemente administrativas, coordenando e supervisionando os funcionários, encaminhando pacientes, de maneira que a eventual exposição a agentes biológicos insalubres não se dava de modo permanente, mas sim intermitente, condição que não é suficiente para caracterizar a suposta insalubridade. III. Não é plausível, também, que o autor, na condição de Mensageiro e Contínuo, ficasse exposto aos alegados agentes agressivos de modo permanente, tendo em vista as funções inerentes aos citados cargos, que implicam em atividades externas, e considerando que no exercício de todos os períodos de trabalho o autor não trabalhava no interior dos gabinetes odontológicos. IV. Correto o cálculo de tempo de serviço da autarquia, possuindo o autor, até o pedido administrativo, um total de 27 (vinte e sete) anos, 3 (três) meses e 25 (vinte e cinco) dias de trabalho, tempo insuficiente para a concessão da aposentadoria proporcional por tempo de serviço. V. Não há que se falar em condenação em honorários advocatícios e custas processuais, tendo em vista que o autor é beneficiário da assistência judiciária gratuita, seguindo orientação adotada pelo STF. VI. Remessa oficial e apelação do INSS providas. (APELREE – APELAÇÃO/REEXAME NECESSÁRIO – 897040 – JUIZA MARISA SANTOS – TRF3 – NONA TURMA – DATA: 15.7.2009 – PG: 1.109)

PREVIDENCIÁRIO. APOSENTADORIA ESPECIAL. RECONHECIMENTO APÓS MAIO de 1998. O Decreto n. 4.827, de 3.9.2003, POSSIBILITOU A CONVERSÃO DO TEMPO ESPECIAL, PRESTADO A QUALQUER TEMPO, EM TEMPO COMUM. 1. Havendo comprovação do exercício de atividades especiais, a qualquer tempo, deve esse tempo ser convertido em comum, conforme possibilita o Decreto n. 4.827/2003. 2. Comprovado nos autos o desempenho da atividade de "tratorista" e "operário da agroindústria", com exposição de forma ocasional/intermitente a ruído contínuo e risco químico – poeiras minerais e poeira vegetal – devida é a concessão da aposentadoria especial. 3. Recurso conhecido e improvido. (PROCESSO 319127920074013 – RECURSO CONTRA SENTENÇA CÍVEL – TRGO – 1ª TURMA RECURSAL – GO – 27.8.2007)

PREVIDENCIÁRIO. APOSENTADORIA POR TEMPO DE SERVIÇO. BANCÁRIO. NÃO ENQUADRAMENTO DE SUAS ATIVIDADES COMO ESPECIAIS. NATUREZA JURÍDICA

DA PENOSIDADE. INSALUBRIDADE EM ALTO GRAU. INOCORRÊNCIA. 1. embora o legislador não tenha esclarecido o que se entende por atividade penosa, não existindo, na verdade, uma terceira modalidade de exposição da saúde e da integridade física do trabalhador a agentes agressivos, há que se identificá-la quando o segurado é submetido a um elevado grau de insalubridade. 2. não se caracteriza a dita insalubridade nas condições de trabalho a que está sujeito o bancário, não se justificando, em função do risco do mesmo contrair a ler – lesão por esforço repetitivo ou outras enfermidades, o enquadramento de suas atividades como especiais, para fins previdenciários. 3. apelação improvida. (AC – APELAÇÃO CIVEL – 257683 – DESEMBARGADOR FEDERAL ÉLIO WANDERLEY DE SIQUEIRA FILHO – TRF5 – SEGUNDA TURMA – 28.3.2003 – PG: 1.222)

PREVIDENCIÁRIO. APOSENTADORIA POR TEMPO DE SERVIÇO. CONVERSÃO. TEMPO DE SERVIÇO ESPECIAL. TEMPO COMUM. AGENTES AGRESSIVOS ACIMA DOS ÍNDICES DE TOLERÂNCIA. HIDROCARBONETOS. ÓLEO MINERAL E QUEIMADO. GRAXAS, SOLVENTES E GASOLINA. 1. Somente após a Lei n. 9.032/95, o tempo de trabalho exercido sob condições especiais, para ser considerado como tal, dependerá, além da comprovação do tempo de trabalho, também de comprovação pelo segurado perante o Instituto Nacional do Seguro Social – INSS, da exposição aos agentes nocivos, químicos, físicos, biológicos ou associação de agentes prejudiciais à saúde ou à integridade física. 2. O trabalho em condições especiais, submetido a eletricidade em grau de periculosidade, comprovado por laudos técnicos ou formulários SB40 ou DSS8030, deve ser convertido em tempo comum. 3. A obrigatoriedade do uso de Equipamentos de Proteção Individual – EPI, introduzido com a Lei n. 9.732, de 11.12.1998, não descaracteriza a situação de agressividade ou nocividade à saúde ou à integridade física no ambiente de trabalho. 4. Segundo a orientação jurisprudencial do Colendo STJ (REsp 314.181/AL, Rel. Min. Félix Fischer, DJU/I de 5.11.2001, e AgREsp 289.543/RS, Rel. Min. Jorge Scartezzini, DJU/I de 19.11.2001), seguida por esta Turma, os juros moratórios são devidos no percentual mensal de 1%, a partir da citação válida, dado o caráter alimentar da dívida e o disposto no art. 3º do Decreto-lei n. 2.322/87. 5. Apelação do INSS improvida e remessa oficial também improvida. Apelação do autor provida. (AC – APELAÇÃO CÍVEL – 308773 – DESEMBARGADOR FEDERAL PAULO MACHADO CORDEIRO – TRF5 – SEGUNDA TURMA – 27.7.2004 – PG: 272 – N.: 143)

PREVIDENCIÁRIO. EMBARGOS INFRINGENTES. APOSENTADORIA POR TEMPO DE SERVIÇO/CONTRIBUIÇÃO. TÉCNICO EM TELECOMUNICAÇÕES DA CRT – BRASIL TELECOM S/A. ATIVIDADE ESPECIAL. ELETRICIDADE. ALUNO-APRENDIZ. ESCOLA TÉCNICA FEDERAL DE PELOTAS. SÚMULA N. 96 DO TCU. EMENDA CONSTITUCIONAL N. 20, DE 1998. IDADE MÍNIMA. PEDÁGIO. LEI DO FATOR PREVIDENCIÁRIO. 1. Cabível o reconhecimento da especialidade do labor do segurado que foi exposto, de forma habitual e permanente, ao agente nocivo eletricidade: (a) período anterior a 5.3.1997: enquadramento no código 1.1.8 do Quadro Anexo do Decreto n. 53.831/64, e Lei n. 7.369, de 20.9.1985, regulamentada pelo Decreto n. 93.412, de 14.10.1986 (tensões superiores a 250 volts); (b) período posterior a 5.3.1997: a despeito da ausência de previsão legal no Decreto n. 2.172/97, possível o reconhecimento da especialidade uma vez que ainda em vigor a Lei n. 7.369, de 20.9.1985, regulamentada pelo Decreto n. 93.412, de 14.10.1986, e com base na Súmula n. 198 do TFR, segundo a qual é sempre possível o reconhecimento da especialidade no caso concreto, por meio de perícia técnica. 2. Em se tratando do agente periculoso eletricidade, é ínsito o risco potencial de acidente, de forma que não é exigível a exposição de forma permanente. A periculosidade inerente ao manuseio de redes energizadas dá ensejo ao reconhecimento da especialidade da atividade, porque sujeita o segurado à ocorrência de acidentes que poderiam causar danos à sua saúde ou à sua integridade física. 3. Para fins de reconhecimento do tempo de serviço prestado na condição de aluno-aprendiz, é necessária a comprovação de (1) prestação de trabalho na qualidade de aluno-aprendiz e (2) retribuição pecuniária à conta do Orçamento, admitindo-se, como tal, o recebimento de (a) alimentação, (b) fardamento, (c) material escolar e (d) parcela de renda auferida com a execução de encomendas por terceiros. Caso em que não restaram comprovados os requisitos necessários à qualificação do autor como aluno-aprendiz no período requerido, porquanto apenas certificado o "tempo de frequência", sendo, ainda, imprestável para a demonstração da existência de contraprestação às atividades desenvolvidas durante o vínculo com a Escola Técnica Federal de Pelotas a mera certificação de que as despesas ordinárias com os alunos da instituição eram custeadas pela União. Precedente desta Terceira Seção (EIAC n. 2003.71.00.005271-6/RS, rel. Des. Federal Luís Alberto D'Azevedo Aurvalle, D.E. de 10.3.2010). 4. Caso em que o Embargado: (a) não tem direito à aposentadoria proporcional em 28-11-1999, por ocasião da edição da Lei n. 9.876/99 (Lei do Fator Previdenciário, bem como na DER (28.2.2002), porque não implementado o requisito etário de 53 anos; (b) tem direito à aposentadoria proporcional por tempo de serviço pelas regras anteriores à Emenda Constitucional n. 20, em vigor desde 16.12.1998, uma vez que, naquela data, implementara os requisitos necessários à inativação (tempo de serviço e carência), calculado o salário de benefício nos termos da redação original do art. 29 da Lei n. 8.213/91; (c) tem direito à aposentadoria integral por tempo de contribuição na DER, sendo irrelevante, na hipótese, o não implemento do requisito etário, porquanto inexigível para a inativação integral, incidindo, no cálculo do salário de benefício, o fator previdenciário. 5. Condenação do INSS à concessão do benefício mais vantajoso ao segurado, fixado o respectivo marco inicial, em qualquer caso, na DER (28.2.2002). (EINF – EMBARGOS INFRINGENTES – Processo: 2002.71.00.007818-0 – UF: RS – Data da Decisão: 12.4.2010 – TRF – 4ª região – Orgão Julgador: TERCEIRA SEÇÃO – JOÃO BATISTA PINTO SILVEIRA)

PREVIDENCIÁRIO. EMBARGOS INFRINGENTES. ATIVIDADE ESPECIAL. CONVERSÃO. LEI N. 9.711/98. DECRETO N. 3.048/99. ELETRICIDADE. CONCESSÃO DE APOSENTADORIA POR TEMPO DE SERVIÇO. 1. A Lei n. 9.711, de 20.11.1998, e o Regulamento Geral da Previdência Social aprovado pelo Decreto n. 3.048, de 6.5.1999, resguardam o direito adquirido de os segurados terem convertido o tempo de serviço especial em comum, até 28.5.1998, observada, para fins de enquadramento, a legislação vigente à época da prestação do serviço. 2. Até 28.4.1995 é admissível o reconhecimento da especial idade por categoria profissional ou por sujeição a agentes nocivos, aceitando-se qualquer meio de prova (exceto para ruído); a partir de 29.4.1995 não mais é possível o enquadramento por categoria profissional, devendo existir comprovação da sujeição a agentes nocivos por qualquer meio de prova até 5.3.1997 e, a partir de então e até 28.5.1998, por meio de formulário embasado em laudo técnico ou pericial. 3. Quanto ao agente nocivo eletricidade, a despeito de seu enquadramento não estar mais previsto no interregno posterior a 5.3.1997, em razão de não haver mais previsão legal no Decreto n. 2.172/97, ainda assim, é possível o reconhecimento de tal especialidade. Isto porque, de acordo com a Súmula n. 198 do TFR, quando a atividade exercida for insalubre, perigosa ou penosa, porém não constar em regulamento, a sua constatação far-se-á por meio de perícia judicial. Dessa forma, tendo o perito judicial concluído que a parte autora laborava em contato com eletricidade média superior a 250 volts, exercendo atividade perigosa, é de ser reconhecida a especialidade do labor. 4. Cabe ainda destacar, quanto à periculosidade do labor, que o tempo de exposição ao risco eletricidade não é necessariamente um fator condicionante para que ocorra um acidente ou choque elétrico. Assim, por mais que a exposição do segurado ao agente nocivo eletricidade acima de 250 volts (alta tensão ) não perdure por todas as horas trabalhadas, trata-se de risco potencial, cuja sujeição não depende da exposição habitual e permanente. (EINF – EMBARGOS INFRINGENTES – Processo: 2003.71.00.033926-4 – UF: RS – Data da Decisão: 3.9.2009 – TRF – 4ª Região – Orgão Julgador: TERCEIRA SEÇÃO – RICARDO TEIXEIRA DO VALLE PEREIRA)

PREVIDENCIÁRIO. ATIVIDADE ESPECIAL. CIRURGIÃO-DENTISTA. CONTRIBUINTE INDIVIDUAL. HABITUALIDADE E PERMANÊNCIA. INTERMITÊNCIA. CONVERSÃO DO TEMPO COMUM EM ESPECIAL. FATOR DE CONVERSÃO. INVIÁVEL NO CASO DE APOSENTADORIA ESPECIAL. APOSENTADORIA POR TEMPO DE CONTRIBUIÇÃO. REGRAS PERMANENTES. REVISÃO DO ATO DE CONCESSÃO DO BENEFÍCIO. CONVERSÃO EM APOSENTADORIA ESPECIAL. 1. Uma vez exercida atividade enquadrável como especial, sob a égide da legislação que a ampara, o segurado adquire o direito ao reconhecimento como tal. 2. Constando dos autos a prova necessária a demonstrar o exercício de atividade sujeita a condições especiais, conforme a legislação vigente na data da prestação do trabalho, deve ser reconhecido o respectivo tempo de serviço. 3. Não há falar em eventualidade e intermitência, se a exposição ao agente nocivo é não eventual, diurna e contínua; mesmo que durante parte de sua jornada de trabalho não haja contato ou presença de agentes insalutíferos, o trabalhador tem direito ao cômputo do tempo de serviço especial, entendimento prevalente na egrégia 3ª Seção. 4. Os fatores de conversão são proporcionalmente fixados conforme o tempo de serviço exigido para a aposentadoria, tanto especial como comum, não sendo possível a utilização de um multiplicador que se refere à aposentadoria comum aos trinta anos, qual seja, 1,2, para fins de concessão de aposentadoria comum aos trinta e cinco anos, para a qual deve ser aplicado o conversor 1,4. Inviável no caso de Aposentadoria Especial. 5. A conversão do tempo de serviço especial em comum está limitada ao labor exercido até 28.5.1998, a teor do art. 28 da Lei n. 9.711/98 (Precedentes das Quinta e Sexta Turmas do STJ), não se aplicando no caso de concessão de Aposentadoria Especial. 6. Demonstrado o tempo de serviço sob condições nocivas à saúde ou à integridade física especial por mais de 25 anos e a carência, é devida à parte autora a revisão do ato de concessão do seu benefício de Aposentadoria por Tempo de Contribuição integral, pelas regras permanentes, para convertê-lo em Aposentadoria Especial, sem a incidência do fator previdenciário, nos termos da Lei n. 8.213/91. (APELREEX – APELAÇÃO/REEXAME NECESSÁRIO – Processo: 2007.71.00.013479-9 – UF: RS – Data da Decisão: 3.2.2010 – TRF – 4ª região – Orgão Julgador: SEXTA TURMA – JOÃO BATISTA PINTO SILVEIRA)

PROCESSUAL CIVIL E TRIBUTÁRIO. OFENSA AO ART. 535 DO CPC NÃO CONFIGURADA. ADICIONAL AO SEGURO DE ACIDENTE DO TRABALHO. Lei n. 9.732/1998. INEXISTÊNCIA DE ILEGALIDADE. 1. A solução integral da controvérsia, com fundamento suficiente, não caracteriza ofensa ao art. 535 do CPC. 2. A modificação introduzida pela Lei n. 9.732/1998, que instituiu o adicional do SAT, destinando uma parcela da Contribuição Sobre a Folha de Salários para o financiamento da aposentadoria especial, não desvirtua a natureza daquela contribuição social, nem se reveste de ilegalidade. Precedentes do STJ. 3. Agravo Regimental não provido. (AgRg no REsp 1140217 / SP – AGRAVO REGIMENTAL NO RECURSO ESPECIAL – 2009/0092309-8 – Ministro HERMAN BENJAMIN (1132) – T2 – SEGUNDA TURMA – Data da Decisão: 27.10.2009)

SEGURO DE ACIDENTE DO TRABALHO. LEI COMPLEMENTAR. ATIVIDADE PREPONDERANTE. GRAU DE RISCO. REGULAMENTAÇÃO. LEGALIDADE. PRINCÍPIOS. APOSENTADORIA ESPECIAL. 1. A Lei n. 8.212/91 define todos os elementos capazes de fazer nascer a obrigação tributária válida, não havendo ofensa ao princípio da legalidade. 2. Os Decretos ns. 356/91, 612/92 e 2.173/97, ao tratarem da atividade econômica preponderante e do grau de risco acidentário, delimitaram conceitos necessários à aplicação concreta da Lei n. 8.212/91, não exorbitando o poder regulamentar conferido pela norma, nem violando princípios em matéria tributária. 3. É legítimo o estabelecimento, por Decreto, do grau de risco, com base na atividade preponderante da empresa. 4. Não merece guarida a pretensão das recorrentes no sentido de que se reconheça a ilegalidade do recolhimento dessa exação, quando à alíquota superior a 1%. 5. A modificação introduzida pela Lei n. 9.732/98 ao inciso II do art.

22, destinando uma parcela da contribuição sobre a folha de salários para o financiamento da aposentadoria especial, não desvirtua a natureza da contribuição ao SAT. 6. Recurso especial improvido. (REsp 441192 / PR – RECURSO ESPECIAL 2002/0074585-0 – Ministro CASTRO MEIRA (1125) – T2 – SEGUNDA TURMA – Data do julgamento: 17.2.2005)

PREVIDENCIÁRIO. NULIDADES. SENTENÇA CITRA PETITA E CERCEAMENTO DE DEFESA. PRELIMINARES REJEITADAS. CONVERSÃO DE TEMPO ESPECIAL EM COMUM. Lei n. 9.032/95. IRRETROATIVIDADE. EXPOSIÇÃO A AGENTES AGRESSIVOS (BENZINA E QUEROSENE) EM CARÁTER HABITUAL E PERMANENTE. USO DE EQUIPAMENTO DE PROTEÇÃO INDIVIDUAL. NÃO DESCARACTERIZAÇÃO DA SITUAÇÃO DE INSALUBRIDADE. 1. Não merece prosperar a alegação de que a sentença é nula, ao argumento de que a MM. Juíza sentenciante não apreciou toda a matéria de defesa arguida pelo recorrente. Consoante remansosa jurisprudência, o órgão judicante não está adstrito a responder a todos os argumentos das partes, mas somente a fundamentar a decisão segundo as razões que lhe pareçam pertinentes. (*v.g.*, STF: AI 426.981 – AgR e HC 83.073 ; TRF-1ª Região: EIAC 1998.39.00.001821-8/PA; Relatora Des. Federal Selene Maria de Almeida; Terceira Seção; DJ 18.2.2008; p. 46). 2. A alegação de cerceamento de defesa não merece acolhimento. Constata-se, no presente caso, que a produção de prova pericial é desnecessária, haja vista que o formulário preenchido pela empresa (fls. 18) comprova que o autor esteve exposto a agentes agressivos no período laborado de 9.12.75 a 31.9.84 e 1º.10.84 a 13.6.90, sendo que, para o referido período, não é exigida comprovação através de laudo pericial. Além disso, a empresa se responsabiliza para todos os efeitos pela verdade da declaração fornecida, sendo que qualquer informação falsa importa em responsabilidade criminal nos termos do art. 299 do Código Penal. 3. Subsiste a possibilidade de conversão de tempo especial em comum, mesmo após o advento da Lei n. 9.711/98, porque a revogação do § 5º do art. 57 da Lei n. 8.213/91, prevista no art. 32 da Medida Provisória n. 1.663/15, de 20.11.98, não foi mantida quando da conversão da referida Medida Provisória na Lei n. 9.711, em 20.11.1998. 4. O cômputo do tempo de serviço prestado em condições especiais deve observar a legislação vigente à época da prestação laboral, tal como disposto no § 1º, art. 70 do Decreto n. 3.048/99, com redação do Decreto n. 4.827/03. 5. Não devem receber interpretação retroativa as alterações promovidas no art. 57 da Lei n. 8.213/91 pela Lei n. 9.032/95, especialmente no tocante à necessidade de comprovação, para fins de aposentadoria especial, de efetiva exposição aos agentes potencialmente prejudiciais à saúde ou integridade física do trabalhador (Precedente desta Turma). Portanto, até 28 de abril de 1995, data do advento da Lei n. 9.032, a comprovação de serviço prestado em condições especiais pode ser feita nos moldes anteriormente previstos. 6. No caso dos autos, a efetiva exposição do recorrido a agentes agressivos a sua saúde comprova-se por prova documental, consubstanciada em formulários, dos quais consta que o autor, nos períodos de 9.12.75 a 31.9.84 e 1º.10.84 a 13.6.90, esteve exposto a benzina e ao querosene, de modo habitual e permanente, não ocasional, nem intermitente. 7. Tanto a benzina como o querosene são hidrocarbonetos derivados do petróleo, sendo considerados tóxicos orgânicos de acordo com a definição do Decreto n. 53.831/64. 8. O Decreto n. 53.831/64 estabelece no item 1.2.11 que operações com tóxicos orgânicos serão consideradas insalubres, para fins de enquadramento da atividade desenvolvida como especial. 9. A utilização de equipamentos de proteção individual não descaracteriza a atividade prestada sob condições especiais, pois seu uso não significa que estejam erradicadas as condições adversas que justificam a contagem de tempo de maneira específica, prestando-se tão somente a amenizar ou reduzir os danos delas decorrentes. Precedente desta Turma. 10. Apelação e Remessa Oficial desprovidas. (AC 200133000105476 – AC – APELAÇÃO CÍVEL – 200133000105476 – JUIZ FEDERAL GUILHERME DOEHLER (CONV.) – TRF1 – PRIMEIRA TURMA – e-DJF1 DATA: 17.3.2009 – PG: 14)

EMENTA PEDIDO DE UNIFORMIZAÇÃO NACIONAL. PREVIDENCIÁRIO. TEMPO DE SERVIÇO. ENQUADRAMENTO DA ATIVIDADE COMO ESPECIAL. EQUIPARAÇÃO DA ATIVIDADE DE VIGIA À DE GUARDA. NECESSIDADE DE UTILIZAÇÃO DE ARMA DE FOGO. SÚMULA N. 26. 1. De acordo com a Súmula n. 26, o fator de enquadramento da atividade de guarda como atividade perigosa no código 2.5.7 do Anexo ao Decreto n. 53.831/64 é a utilização de arma de fogo, motivo pelo qual para que a atividade de vigia possa ser equiparada à atividade de guarda para fins de enquadramento como atividade especial afigura-se necessária a comprovação da utilização de arma de fogo. 2. Pedido conhecido e improvido. (PEDIDO_200770530040605 – (Acórdão) – JUIZ FEDERAL RONIVON DE ARAGÃO – DJ 11.6.2010 – DECISÃO: 8.4.2010)

# APÊNDICE

## Quadro Anexo 1

## Decreto n. 53.831, de 25 de março de 1964 quadro a que se refere o art. 2º — Regulamento Geral da Previdência Social

| Código | Campo de Aplicação | Serviços e Atividades Profissionais | Classificação | Tempo de Trabalho Mínimo | Observações |
|---|---|---|---|---|---|
| 1.0.0 | AGENTES | | | | |
| 1.1.0 | FÍSICOS | | | | |
| 1.1.1 | CALOR Operações em locais com temperatura excessivamente alta, capaz de ser nociva à saúde e proveniente de fontes artificiais. | | Insalubre | 25 anos | Jornada normal em locais com TE acima de 28º. Arts. 165, 187 e 234, da CLT. Portaria Ministerial n. 30 de 7.2.1958 e 262, de 6.8.1962. |
| 1.1.2 | FRIO Operações em locais com temperatura excessivamente baixa, capaz de ser nociva à saúde e proveniente de fontes artificiais. | Trabalhos na indústria do frio – operadores de câmaras frigoríficas e outros. | Insalubre | 25 anos | Jornada normal em locais com temperatura inferior a 12º centígrados. Art. 165 e 187, da CLT e Portaria Ministerial n. 262, de 6.8.1962. |
| 1.1.3 | UMIDADE Operações em locais com umidade excessiva, capaz de ser nociva à saúde e proveniente de fontes artificiais. | Trabalhos em contato direto e permanente com água – lavadores, tintureiros, operários nas salinas e outros. | Insalubre | 25 anos | Jornada normal em locais com umidade excessiva. Art. 187 da CLT e Portaria Ministerial n. 262, de 6.8.1962. |
| 1.1.4 | RADIAÇÃO Operações em locais com radiações capazes de serem nocivas à saúde – infravermelho, ultravioleta, raios X, rádium e substâncias radiativas. | Trabalhos expostos a radiações para fins industriais, diagnósticos e terapêuticos – Operadores de raio X, de rádium e substâncias radiativas, soldadores com arco elétrico e com oxiacetilênio, aeroviários de manutenção de aeronaves e motores, turbo-hélices e outros. | Insalubre | 25 anos | Jornada normal ou especial fixada em lei – Lei n. 1.234 (*), de 14 de novembro de 1950; Lei n. 3.999 (*), de 15.12.1961; art. 187, da CLT; Decreto n. 1.232, de 22 de junho de 1962, e Portaria Ministerial n. 262, de 6 de agosto de 1962. |
| 1.1.5 | TREPIDAÇÃO Operações em trepidações capazes de serem nocivas a saúde. | Trepidações e vibrações industriais – Operadores de perfuratrizes e marteletes pneumáticos, e outros. | Insalubre | 25 anos | Jornada normal com máquinas acionadas por ar comprimido e velocidade acima de 120 golpes por minutos. Art. 187 CLT. Portaria Ministerial n. 262, de 6.8.1962. |
| 1.1.6 | RUÍDO Operações em locais com ruído excessivo capas de ser nocivo à saúde. | Trepidações sujeitas aos efeitos de ruídos industriais excessivos – caldeireiros, operadores de máquinas pneumáticas, de motores – turbinas e outros. | Insalubre | 25 anos | Jornada normal ou especial fixada em lei em locais com ruídos acima de 80 decibéis. Decreto n. 1.232, de 22 de junho de 1962. Portaria Ministerial n. 262, de 6.8.1962 e art. 187 da CLT. |

| Código | Campo de Aplicação | Serviços e Atividades Profissionais | Classificação | Tempo de Trabalho Mínimo | Observações |
|---|---|---|---|---|---|
| 1.1.7 | PRESSÃO<br>Operações em locais com pressão atmosférica anormal capaz de ser nociva à saúde. | Trabalhos em ambientes com alta ou baixa pressão – escafandristas, mergulhadores, operadores em caixões ou tubulações pneumáticos e outros. | Insalubre | 25 anos | Jornada normal ou especial fixada em lei – arts. 187 e 219 CLT. Portarias Ministeriais ns. 73, de 2 de janeiro de 1960 e n. 262, de 6.8.1962. |
| 1.1.8 | ELETRICIDADE<br>Operações em locais com eletricidade em condições de perigo de vida. | Trabalhos permanentes em instalações ou equipamentos elétricos com riscos de acidentes – Eletricistas, cabistas, montadores e outros. | Perigoso | 25 anos | Jornada normal ou especial fixada em lei em serviços expostos a tensão superior a 250 volts. Arts. 187, 195 e 196 da CLT. Portaria Ministerial n. 34, de 8.4.1954. |
| 1.2.0 | QUÍMICOS | | | | |
| 1.2.1 | ARSÊNICO<br>Operações com arsênico e seus compostos. | I – Extração. | Insalubre | 20 anos | Jornada normal. Art. 187 CLT. Portaria Ministerial n. 262, de 6.8.1962. |
| | | II – Fabricação de seus compostos e derivados – Tintas, parasiticidas e inseticidas etc. | Insalubre | 20 anos | |
| | | III – Emprego de derivados arsenicais – Pintura, galvanotécnica, depilação, empalhamento, etc. | Insalubre | 25 anos | |
| 1.2.2 | BERÍLIO<br>Operações com berílio e seus compostos. | Trabalhos permanentes expostos a poeiras e fumos – Fundição de ligas metálicas. | Insalubre | 25 anos | Jornada normal. Art. 187 CLT. Portaria Ministerial n. 262, de 6.8.1962. |
| 1.2.3 | CÁDMIO<br>Operações com cádmio e seus compostos. | Trabalhos permanentes expostos a poeiras e fumos – Fundição de ligas metálicas. | Insalubre | 25 anos | Jornada normal. Art. 187 CLT. Portaria Ministerial n. 262, de 6.8.1962. |
| 1.2.4 | CHUMBO<br>Operações com chumbo, seus sais e ligas. | I – Fundição, refino, moldagens, trefiliação e laminação. | Insalubre | 20 anos | Jornada normal. Art. 187 CLT. Portaria Ministerial n. 262, de 6.8.1962. |
| | | II – Fabricação de artefatos e de produtos de chumbo – baterias, acumuladores, tintas e etc. | | 25 anos | |
| | | III – Limpeza, raspagens e demais trabalhos em tanques de gasolina contendo chumbo, tetra etil, polimento e acabamento de ligas de chumbo etc. | | 25 anos | |
| | | IV – Soldagem e dessoldagem com ligas à base de chumbo, vulcanização da borracha, tinturaria, estamparia, pintura e outros. | | 25 anos | |
| 1.2.5 | CROMO<br>Operações com cromo e seus sais. | Trabalhos permanentes expostos ao tóxico – Fabricação, tanagem de couros, cromagem eletrolítica de metais e outras. | Insalubre | 25 anos | Jornada normal. Art. 187 CLT. Portaria Ministerial n. 262, de 6.8.1962. |

| Código | Campo de Aplicação | Serviços e Atividades Profissionais | Classificação | Tempo de Trabalho Mínimo | Observações |
|---|---|---|---|---|---|
| 1.2.6 | FÓSFORO Operações com fósforo e seus compostos. | I – Extração e depuração do fósforo branco e seus compostos. | Insalubre | 20 anos | |
| | | II – Fabricação de produtos fosforados asfixiantes, tóxicos, incendiários ou explosivos. | Insalubre Perigoso | | |
| | | III – Emprego de líquidos, pastas, pós e gases à base de fósforo branco para destruição de ratos e parasitas. | Insalubre | 25 anos | |
| 1.2.7 | MANGANÊS Operações com o manganês. | Trabalhos permanentes expostos a poeiras ou fumos do manganês e seus compostos (bióxido) – Metalurgia, cerâmica, indústria de vidros e outras. | Insalubre | 25 anos | Jornada normal. Art. 187 CLT. Portaria Ministerial n. 262, de 6.8.1962. |
| 1.2.8 | MERCÚRIO Operações com mercúrio, seus sais e amálgamas. | I – Extração e tratamento de amálgamas e compostos – Cloreto e fulminato de Hg. | Insalubre Perigoso | 20 anos | Jornada normal. Art. 187 CLT. Portaria Ministerial n. 262, de 6.8.1962. |
| | | II – Emprego de amálgama e derivados, galvanoplastia, estanhagem e outros. | Insalubre | 25 anos | |
| 1.2.9 | OUTROS TÓXICOS INORGÂNICOS Operações com outros tóxicos inorgânicos capazes de fazerem mal à saúde. | Trabalhos permanentes expostos às poeiras, gazes, vapores, neblina e fumos de outros metais, metaloide halógenos e seus eletrólitos tóxicos – ácidos, base e sais – Relação das substâncias nocivas publicadas no Regulamento Tipo de Segurança da O.I.T. | Insalubre | 25 anos | Jornada normal. Art. 187 CLT. Portaria Ministerial n. 262, de 6.8.1962. |
| 1.2.10 | POEIRAS MINERAIS NOCIVAS Operações industriais com desprendimento de poeiras capazes de fazerem mal à saúde – Sílica, carvão, cimento, asbesto e talco. | I – Trabalhos permanentes no subsolo em operações de corte, furação, desmonte e carregamento nas frentes de trabalho. | Insalubre Perigoso Penoso | 15 anos | Jornada normal especial fixada em Lei. Arts. 187 e 293 da Portarias Ministeriais ns. 262, de 5.1.1960: 49 e 31, de 25.3.1960: e 6.8.1962. |
| | | II – Trabalhos permanentes em locais de subsolo afastados das frentes de trabalho, galerias, rampas, poços, depósitos, etc... | Insalubre Penoso | 20 anos | |
| | | III – Trabalhos permanentes a céu aberto. Corte, furação, desmonte, carregamento, britagem, classificação, carga e descarga de silos, transportadores de correias e teleféreos, moagem, calcinação, ensacamento e outras. | Insalubre | 25 anos | |

| Código | Campo de Aplicação | Serviços e Atividades Profissionais | Classificação | Tempo de Trabalho Mínimo | Observações |
|---|---|---|---|---|---|
| 1.2.11 | TÓXICOS ORGÂNICOS<br>Operações executadas com derivados tóxicos do carbono – Nomenclatura Internacional.<br>I – Hidrocarbonetos (ano, eno, ino)<br>II – Ácidos carboxílicos (oico)<br>III – Alcoóis (ol)<br>IV – Aldehydos (al)<br>V – Cetona (ona)<br>VI – Ésteres (com sais em ato – ília)<br>VII – Éteres (óxidos – oxi)<br>VIII – Amidas – amidos<br>IX – Aminas – aminas<br>X – Nitrilas e isonitrilas (nitrilas e carbilaminas)<br>XI – Compostos organo – metálicos halogenados, metalódicos halogenados, metalóidicos e nitrados. | Trabalhos permanentes expostos às poereiras: gases, vapores, neblinas e fumos de derivados do carbono constantes da Relação Internacional das Substâncias Nocivas publicada no Regulamento Tipo de Segurança da O.I.T – Tais como: cloreto de metila, tetracloreto de carbono, tricoloroetileno, clorofórmio, bromureto de netila, nitrobenzeno, gasolina, alcoóis, acetona, acetatos, pentano, metano, hexano, sulfureto de carbono, etc. | Insalubre | 25 anos | Jornada normal. Art. 187 CLT. Portaria Ministerial n. 262, de 6.8.1962. |
| 1.3.0 | BIOLÓGICOS | | | | |
| 1.3.1 | CARBÚNCULO, BRUCELA MORNO E TÉTANO<br>Operações industriais com animais ou produtos oriundos de animais infectados. | Trabalhos permanentes expostos ao contato direto com germes infecciosos – Assistência Veterinária, serviços em matadouros, cavalariças e outros. | Insalubre | 25 anos | Jornada normal. Art. 187 CLT. Portaria Ministerial n. 262, de 6.8.1962. |
| 1.3.2 | GERMES INFECCIOSOS OU PARASITÁRIOS HUMANOS – ANIMAIS<br>Serviços de Assistência Médica, Odontológica e Hospitalar em que haja contato obrigatório com organismos doentes ou com materiais infecto-contagiantes. | Trabalhos permanentes expostos ao contato com doentes ou materiais infecto-contagiantes – assistência médica, odontológica, hospitalar e outras atividades afins. | Insalubre | 25 anos | Jornada normal ou especial fixada em Lei. Lei n. 3.999, de 15.12.1961. Art. 187 CLT. Portaria Ministerial n. 262, de 6.8.1962. |
| 2.0.0 | OCUPAÇÕES | | | | |
| 2.1.0 | LIBERAIS, TÉCNICOS, ASSEMELHADAS | | | | |
| 2.1.1 | ENGENHARIA | Engenheiros de Construção Civil, de minas, de metalurgia, Eletricistas. | Insalubre | 25 anos | Jornada normal ou especial fixada em Lei. Decreto n. 46.131 (*), de 3.6.1959. |

| Código | Campo de Aplicação | Serviços e Atividades Profissionais | Classificação | Tempo de Trabalho Mínimo | Observações |
|---|---|---|---|---|---|
| 2.1.2 | QUÍMICA | Químicos, toxicologistas, podologistas. | Insalubre | 25 anos | Jornada normal ou especial fixada em Lei. Decreto n. 48.285 (*), de 1960. |
| 2.1.3 | MEDICINA, ODONTOLOGIA, ENFERMAGEM | Médicos, dentistas, enfermeiros. | Insalubre | 25 anos | Jornada normal ou especial fixada em Lei. Decreto n. 43.185 (*), de 6.2.1958. |
| 2.1.4 | MAGISTÉRIO | Professores. | Penoso | 25 anos | Jornada normal ou especial fixada em Lei Estadual, GB, n. 286; RJ, 1.870, de 25-4. Art. 318, da CLT. |
| 2.2.0 | AGRÍCOLAS, FLORESTAIS, AQUÁTICAS | | | | |
| 2.2.1 | AGRICULTURA | Trabalhadores na agropecuária. | Insalubre | 25 anos | Jornada normal. |
| 2.2.2 | CAÇA | Trabalhadores florestais, caçadores. | Perigoso | 25 anos | Jornada normal. |
| 2.2.3 | PESCA | Pescadores | Perigoso | 25 anos | Jornada normal. |
| 2.3.0 | PERFURAÇÃO, CONSTRUÇÃO CIVIL. ASSEMELHADOS | | | | |
| 2.3.1 | ESCAVAÇÕES DE SUPERFÍCIE – POÇOS | Trabalhadores em túneis e galerias. | Insalubre Perigoso | 20 anos | Jornada normal ou especial, fixada em Lei. Art. 295. CLT |
| 2.3.2 | ESCAVAÇÕES DE SUBSOLO – TÚNEIS | Trabalhadores em escavações a céu aberto. | Insalubre | 25 anos | Jornada normal. |
| 2.3.3 | EDIFÍCIOS, BARRAGENS, PONTES | Trabalhadores em edifícios, barragens, pontes, torres. | Perigoso | 25 anos | Jornada normal. |
| 2.4.0 | TRANSPORTES E COMUNICAÇÕES | | | | |
| 2.4.1 | TRANSPORTES AÉREO | Aeronautas, aeroviários de serviços de pista e de oficinas, de manutenção, de conservação, de carga e descarga, de recepção e de despacho de aeronaves. | Perigoso | 25 anos | Jornada normal ou especial, fixada em Lei. Lei n. 3.501, (*) de 21.12.1958; Lei n. 2.573, (*) de 15.8.1955; Decretos ns. 50.660 (*), de 26.6.1961 e 1.232, de 22.6.1962. |
| 2.4.2 | TRANSPORTES MARÍTIMO, FLUVIAL E LACUSTRE | Marítimos de convés de máquinas, de câmara e de saúde – Operários de construção e reparos navais. | Insalubre | 25 anos | Jornada normal ou especial fixada em Lei. Art. 243 CLT. Decretos n. 52.475 (*). de 13.9.1963; 52.700 (*) de 18.10.1963 e 53.514 (*), de 30.1.1964. |
| 2.4.3 | TRANSPORTES FERROVIÁRIO | Maquinistas, Guarda-freios, trabalhadores da via permanente. | Insalubre | 25 anos | Jornada normal ou especial fixada em Lei. Art. 238, CLT. |
| 2.4.4 | TRANSPORTES RODOVIÁRIO | Motorneiros e condutores de bondes. Motoristas e cobradores de ônibus. Motoristas e ajudantes de caminhão. | Penoso | 25 anos | Jornada normal. |
| 2.4.5 | TELEGRAFIA, TELEFONIA, RÁDIO-COMUNICAÇÃO. | Telegrafista, telefonista, rádio operadores de telecomunicações. | Insalubre | 25 anos | Jornada normal ou especial, fixada em Lei. Art. 227 da CLT. Portaria Ministerial 20, de 6.8.1962. |

| Código | Campo de Aplicação | Serviços e Atividades Profissionais | Classificação | Tempo de Trabalho Mínimo | Observações |
|---|---|---|---|---|---|
| 2.5.0 | ARTESANATO E OUTRAS OCUPAÇÕES QUALIFICADAS | | | | |
| 2.5.1 | LAVANDERIA E TINTURARIA | Lavadores, passadores, calandristas, tintureiros. | Insalubre | 25 anos | Jornada normal. |
| 2.5.2 | FUNDIÇÃO, COZIMENTO, LAMINAÇÃO, TREFILAÇÃO, MOLDAGEM | Trabalhadores nas indústrias metalúrgicas, de vidro, de cerâmica e de plásticos – fundidores, laminadores, moldadores, trefiladores, forjadores. | Insalubre | 25 anos | Jornada normal. |
| 2.5.3 | SOLDAGEM, GALVANIZAÇÃO, CALDERARIA | Trabalhadores nas indústrias metalúrgicas, de vidro, de cerâmica e de plásticos – soldadores, galvanizadores, chapeadores, caldeireiros. | Insalubre | 25 anos | Jornada normal. |
| 2.5.4 | PINTURA | Pintores de Pistola. | Insalubre | 25 anos | Jornada normal. |
| 2.5.5 | COMPOSIÇÃO TIPOGRÁFICA E MACÂNICA, LINOTIPIA, ESTEREOTIPIA, ELETROTIPIA, LITOGRAFIA E OFF-SET, FOTOGRAVURA, ROTOGRAVURA E GRAVURA, ENCADERNAÇÃO E IMPRESSÃO EM GERAL. | Trabalhadores permanentes nas indústrias poligráficas: Linotipistas, monotipistas, tipográficos, impressores, margeadores, montadores, compositores, pautadores, gravadores, granitadores, galvanotipistas, frezadores, titulistas. | Insalubre | 25 anos | Jornada normal. |
| 2.5.6 | ESTIVA E ARMAZENAMENTO | Estivadores, arrumadores, trabalhadores de capatazia, consertadores, conferentes. | Perigoso | 25 anos | Jornada normal ou especial, fixada em Lei. Art. 278, CLT; item VII quadro II, do art. 65 do Decreto n. 48.959-A (*), de 29.9.1960. |
| 2.5.7 | EXTINÇÃO DE FOGO, GUARDA. | Bombeiros, investigadores, guardas | Perigoso | 25 anos | Jornada normal. |

## Quadro Anexo 2

## Anexo I — Regulamento dos Benefícios da Previdência Social (Decreto n. 83.080, de 24 de janeiro de 1979)

## Classificação das Atividades Profissionais Segundo os Agentes Nocivos

| Código | Campo de Aplicação | Atividade Profissional Permanente | Tempo Mínimo de Trabalho |
|---|---|---|---|
| 1.0.0 | AGENTES NOCIVOS | | |
| 1.1.0 | FÍSICOS | | |
| 1.1.1 | CALOR | Indústria metalúrgica e mecânica (atividades discriminadas nos códigos 2.5.1 e 2.5.2 do Anexo II). Fabricação de vidros e cristais (atividades discriminadas no código 2.5.5 do Anexo II). Alimentação de caldeiras a vapor a carvão ou a lenha. | 25 anos |
| 1.1.2 | FRIO | Câmaras frigoríficas e fabricação de gelo. | 25 anos |

| Código | Campo de Aplicação | Atividade Profissional Permanente | Tempo Mínimo de Trabalho |
|---|---|---|---|
| 1.1.3 | RADIAÇÕES IONIZANTES | Extração de minerais radioativos (tratamento, purificação, isolamento e preparo para distribuição). Operações com reatores nucleares com fontes de nêutrons ou de outras radiações corpusculares. Trabalhos executados com exposições aos raios X, rádio e substâncias radioativas para fins industriais, terapêuticos e diagnósticos. Fabricação de ampolas de raios x e radioterapia (inspeção de qualidade). Fabricação e manipulação de produtos químicos e farmacêuticos radioativos (urânio, rádon, mesotório, tório x, césio 137 e outros). Fabricação e aplicação de produtos luminescentes radíferos. Pesquisas e estudos dos raios x e substâncias radioativas em laboratórios. | 25 anos |
| 1.1.4 | TREPIDAÇÃO | Trabalhos com perfuratrizes e marteletes pneumáticos. | 25 anos |
| 1.1.5 | RUÍDO | Caldeiraria (atividades discriminadas no código 2.5.2 do Anexo II). Trabalhos em usinas geradoras de eletricidade (sala de turbinas e geradores). Trabalhos com exposição permanente a ruído acima de 90 db. Operação com máquinas pneumáticas (atividades discriminadas entre as do código 2.5.3 do Anexo II). Trabalhos em cabinas de prova de motores de avião. | 25 anos |
| 1.1.6 | PRESSÃO ATMOSFÉRICA | Trabalhos em caixões ou câmaras pneumáticas subaquáticas e em tubulações pneumáticas. Operação com uso de escafandro. Operação de mergulho Trabalho sob ar comprimido em túneis pressurizados. | 20 anos |
| 1.2.0 | QUÍMICOS | | |
| 1.2.1 | ARSÊNICO | Metalurgia de minérios arsenicais. Extração de arsênico. Fabricação de compostos de arsênico. Fabricação de tintas à base de compostos de arsênico (atividades discriminadas no Código 2.5.6 do Anexo II). Fabricação e aplicação de produtos inseticidas, parasiticidas e raticidas à base de compostos de arsênico. | 25 anos |
| 1.2.2 | BERÍLIO OU GLICÍNIO | Extração, trituração e tratamento de berílio Fabricação de ligas de berílio e seus compostos. Fundição de ligas metálicas. Utilização do berílio ou seus compostos na fabricação de tubos fluorescentes, de ampolas de raios x e de vidros especiais. | 25 anos |
| 1.2.3 | CÁDMIO | Extração, tratamento e preparação de ligas de cádmio. Fundição de ligas metálicas. Fabricação de compostos de cádmio. Solda com cádmio. Utilização de cádmio em revestimentos metálicos. | 25 anos |
| 1.2.4 | CHUMBO | Extração de chumbo. Fabricação e emprego de chumbo tetraetila ou tetramatila. Fabricação de objetos e artefatos de chumbo. Fabricação de acumuladores, pilhas e baterias elétricas contendo chumbo ou compostos de chumbo. Fabricação de tintas, esmaltes e vernizes à base de compostos de chumbo (atividades discriminadas no código 2.5.6 do Anexo II). Fundição e laminação de chumbo, zinco-velho, cobre e latão. Limpeza, raspagem e reparação de tanques de mistura e armazenamento de gasolina contendo chumbo tetraetila. Metalurgia e refinação de chumbo. Vulcanização de borracha pelo litargírio ou outros compostos de chumbo. | 25 anos |

| Código | Campo de Aplicação | Atividade Profissional Permanente | Tempo Mínimo de Trabalho |
|---|---|---|---|
| 1.2.5 | CROMO | Fabricação de ácimo crômico, de cromatos e bicromatos. | 25 anos |
| 1.2.6 | FÓSFORO | Extração e preparação de fósforo branco e seus compostos.<br>Fabricação e aplicação de produtos fosforados e organofosforados, inseticidas, parasiticidas e raticidas.<br>Fabricação de projéteis incendiários, explosivos e gases asfixiantes à base de fósforo branco. | 25 anos |
| 1.2.7 | MANGANÊS | Extração, tratamento e trituração do minério por processos manuais ou semiautomáticos.<br>Fabricação de compostos de manganês.<br>Fabricação de pilhas secas contendo compostos de manganês.<br>Fabricação de vidros especiais, indústrias de cerâmica e outras operações com exposição permanente a poeiras de pirolusita ou de outros compostos de manganês. | 25 anos |
| 1.2.8 | MERCÚRIO | Extração e fabricação de compostos de mercúrio.<br>Fabricação de espoletas com fulminato de mercúrio.<br>Fabricação de tintas à base de composto de mercúrio.<br>Fabricação de solda à base de mercúrio.<br>Fabricação de aparelhos de mercúrio.<br>Barômetro, manômetro, termômetro, interruptor, lâmpadas, válvulas eletrônicas, ampolas de raios x e outros.<br>Amalgamação de zinco para fabricação de eletródios, pilhas e acumuladores.<br>Douração e estanhagem de espelhos à base de mercúrio.<br>Empalhamento de animais com sais de mercúrio.<br>Recuperação de mercúrio por destilação de resíduos industriais.<br>Tratamento a quente das amálgamas de ouro e prata para recuperação desses metais preciosos.<br>Secretagem de pelos, crinas e plumas, feltragem à base de compostos de mercúrio. | 25 anos |
| 1.2.9 | OURO | Redução, separação e fundição do ouro | 25 anos |
| 1.2.10 | HIDROCARBONETOS E OUTROS COMPOSTOS DE CARBONO | Fabricação de benzol, toluol, xilol (benzeno, tolueno e xileno).<br>Fabricação e aplicação de inseticidas clorados derivados de hidrocarbonetos.<br>Fabricação e aplicação de inseticidas e fungicidas derivados de ácido carbônico.<br>Fabricação de derivados halogenados de hidrocarbonetos alifáticos: cloreto de metila, brometo de metila, clorofórmio, tetracloreto de carbono, dicloretano, tetracloretano, tricloretileno e bromofórmio.<br>Fabricação e aplicação de inseticida à base de sulfeto de carbono.<br>Fabricação de seda artificial (viscose).<br>Fabricação de sulfeto de carbono.<br>Fabricação de carbonilida.<br>Fabricação de gás de iluminação.<br>Fabricação de solventes para tintas, lacas e vernizes, contendo benzol, toluol e xilol. | 25 anos |
| 1.2.11 | OUTROS TÓXICOS, ASSOCIAÇÃO DE AGENTES | Fabricação de flúor e ácido fluorídrico, cloro e ácido clorídrico e bromo e ácido bromídrico.<br>Aplicação de revestimentos metálicos, eletroplastia, compreendendo: niquelagem, cromagem, douração, anodização de alumínio e outras operações assemelhadas (atividades discriminadas no código 2.5.4 do Anexo II).<br>Pintura a pistola – associação de solventes e hidrocarbonados e partículas suspensas (atividades discriminadas entre as do código 2.5.3 do Anexo II).<br>Trabalhos em galerias e tanques de esgoto (monóxido de carbono, gás metano, gás sulfídrico e outros).<br>Solda elétrica e a oxiacetileno (fumos metálicos).<br>Indústrias têxteis: alvejadores, tintureiros, lavadores e estampadores à mão. | 25 anos |

| Código | Campo de Aplicação | Atividade Profissional Permanente | Tempo Mínimo de Trabalho |
|---|---|---|---|
| 1.2.12 | SÍLICA, SILICATOS, CARVÃO, CIMENTO E AMIANTO | Extração de minérios (atividades discriminadas nos códigos 2.3.1 a 2.3.5 do anexo II). | 15, 20 ou 25 anos |
| | | Extração de rochas amiantíferas (furação, corte, desmonte, trituração, peneiramento e manipulação). | 25 anos |
| | | Extração, trituração e moagem de talco. | |
| | | Decapagem, limpeza de metais, foscamento de vidros com jatos de areia (atividades discriminadas entre as do código 2.5.3 do Anexo II). | |
| | | Fabricação de cimento. | |
| | | Fabricação de guarnições para freios, materiais isolantes e produtos de fibrocimento. | 25 anos |
| | | Fabricação de material refratário para fornos, chaminés e cadinhos, recuperação de resíduos. | |
| | | Fabricação de mós, rebolos, saponáceos, pós e pastas para polimento de metais. | |
| | | Moagem e manipulação de sílica na indústria de vidros, porcelana e outros produtos cerâmicos. | |
| | | Mistura, cardagem, fiação e tecelagem de amianto. | |
| | | Trabalho em pedreiras (atividades discriminadas no código 2.3.4 do anexo II). | |
| | | Trabalho em construção de túneis (atividades discriminadas nos códigos 2.3.3 e 2.3.4 do Anexo II). | |
| 1.3.0 | BIOLÓGICOS | | |
| 1.3.1 | CARBÚNCULO BRUCELA, MORMO, TUBERCULOSE E TÉTANO | Trabalhos permanentes em que haja contato com produtos de animais infectados. | 25 anos |
| | | Trabalhos permanentes em que haja contados com carnes, vísceras, glândulas, sangue, ossos, pelos, dejeções de animais infectados (atividades discriminadas entre as do código 2.1.3 do Anexo II: médicos, veterinários, enfermeiros e técnicos de laboratório). | |
| 1.3.2 | ANIMAIS DOENTES E MATERIAIS NFECTO-CONTAGIANTES | Trabalhos permanentes expostos ao contato com animais doentes ou materiais infecto-contagiantes (atividades discriminadas entre as do código 2.1.3 do Anexo II: médicos, veterinários, enfermeiros e técnicos de laboratório). | 25 anos |
| 1.3.3 | PREPARAÇÃO DE SOROS, VACINAS, E OUTROS PRODUTOS | Trabalhos permanentes em laboratórios com animais destinados ao preparo de soro, vacinas e outros produtos (atividades discriminadas entre as do código 2.1.3 do Anexo II: médicos-laboratoristas, técnicos de laboratórios, biologistas). | 25 anos |
| 1.3.4 | DOENTES OU MATERIAIS INFECTO-CONTAGIANTES | Trabalhos em que haja contato permanente com doentes ou materiais infectocontagiantes (atividades discriminadas entre as do código 2.1.3 do Anexo II: médicos-laboratoristas (patologistas), técnicos de laboratório, dentistas, enfermeiros). | 25 anos |
| 1.3.5 | GERMES | Trabalhos nos gabinetes de autópsia, de anatomia e anátomo-histopatologia (atividades discriminadas entre as do código 2.1.3 do Anexo II: médicos-toxicologistas, técnicos de laboratório de anatomopatologia ou histopatologia, técnicos de laboratório de gabinetes de necropsia, técnicos de anatomia). | 25 anos |

# Decreto n. 83.080, de 24 de janeiro de 1979
## Regulamento dos Benefícios da Previdência Social
### Anexo II — Classificação das Atividades Profissionais Segundo os Grupos Profissionais

| Código | Atividade Profissional | Tempo Mínimo de Trabalho |
|---|---|---|
| 2.0.0 | GRUPOS PROFISSIONAIS | |
| 2.1.0 | PROFISSIONAIS LIBERAIS E TÉCNICOS | |

| Código | Atividade Profissional | Tempo Mínimo de Trabalho |
|---|---|---|
| 2.1.1 | ENGENHARIA<br>Engenheiros químicos.<br>Engenheiros metalúrgicos.<br>Engenheiros de minas. | 25 anos |
| 2.1.2 | QUÍMICA-RADIOATIVIDADE<br>Químicos industriais.<br>Químicos toxicologistas.<br>Técnicos em laboratórios de análises.<br>Técnicos em laboratórios químicos<br>Técnicos em radioatividade. | 25 anos |
| 2.1.3 | MEDICINA-ODONTOLOGIA-FARMÁCIA E BIOQUÍMICA-ENFERMAGEM-VETERINÁRIA<br>Médicos (expostos aos agentes nocivos – Código 1.3.0 do Anexo I).<br>Médicos anatomopatologistas ou histopatologistas.<br>Médicos toxicologistas.<br>Médicos laboratoristas (patologistas).<br>Médicos radiologistas ou radioterapeutas.<br>Técnicos de raio x.<br>Técnicos de laboratório de anatomopatologia ou histopatologia.<br>Farmacêuticos toxicologistas e bioquímicos.<br>Técnicos de laboratório de gabinete de necropsia.<br>Técnicos de anatomia.<br>Dentistas (expostos aos agentes nocivos – código 1.3.0 do Anexo I).<br>Enfermeiros (expostos aos agentes nocivos – código 1.3.0 do Anexo I).<br>Médicos veterinários (expostos aos agentes nocivos – código 1.3.0 do Anexo I). | 25 anos |
| 2.2.0 | PESCA | |
| 2.2.1 | PESCADORES | 25 anos |
| 2.3.0 | EXTRAÇÃO DE MINÉRIOS | |
| 2.3.1 | MINEIROS DE SUBSOLO<br>(Operações de corte, furação e desmonte e atividades de manobras nos pontos de transferências de cargas e viradores e outras atividades exercidas na frente de trabalho.)<br>Perfuradores de rochas, cortadores de rochas, carregadores, britadores, cavouqueiros e choqueiros. | 15 anos |
| 2.3.2 | TRABALHADORES PERMANENTES EM LOCAIS DE SUBSOLO, AFASTADOS DAS FRENTES DE TRABALHO (GALERIAS, RAMPAS, POÇOS, DEPÓSITOS)<br>Motoristas, carregadores, condutores de vagonetas, carregadores de explosivos, encarregados do fogo (blasters), eletricistas, engatores, bombeiros, madeireiros e outros profissionais com atribuições permanentes em minas de subsolo. | 20 anos |
| 2.3.3 | MINEIROS DE SUPERFÍCIE<br>Trabalhadores no exercício de atividades de extração em minas ou depósitos minerais na superfície.<br>Perfuradores de rochas, cortadores de rochas, carregadores, operadores de escavadeiras, motoreiros, condutores de vagonetas, britadores, carregadores de explosivos, encarregados do fogo (blastera) e outros profissionais com atribuições permanentes de extração em minas ou depósitos minerais na superfície. | 25 anos |
| 2.3.4 | TRABALHADORES EM PEDREIRAS, TÚNEIS, GALERIAS<br>Perfuradores, covouqueiros, canteiros, encarregados do fogo (blasters) e operadores de pás mecânicas. | 25 anos |
| 2.3.5 | TRABALHADORES EM EXTRAÇÃO DE PETRÓLEO<br>Trabalhadores ocupados em caráter permanente na perfuração de poços petrolíferos e na extração de petróleo. | 25 anos |
| 2.4.0 | TRANSPORTES | |
| 2.4.1 | TRANSPORTE FERROVIÁRIO<br>Maquinista de máquinas acionadas a lenha ou a carvão.<br>Foguista. | 25 anos |

| Código | Atividade Profissional | Tempo Mínimo de Trabalho |
|---|---|---|
| 2.4.2 | TRANSPORTE URBANO E RODOVIÁRIO<br>Motorista de ônibus e de caminhões de cargas (ocupados em caráter permanente). | 25 anos |
| 2.4.3 | TRANSPORTE AÉREO<br>Aeronautas. | 25 anos |
| 2.4.4 | TRANSPORTE MARÍTIMO<br>Foguistas.<br>Trabalhadores em casa de máquinas. | 25 anos |
| 2.4.5 | TRANSPORTE MANUAL DE CARGA NA ÁREA PORTUÁRIA<br>Estivadores (trabalhadores ocupados em caráter permanente, em embarcações, no carregamento e descarregamento de carga.)<br>Arrumadores e ensacadores.<br>Operadores de carga e descarga nos portos. | 25 anos |
| 2.5.0 | ARTÍFICES, TRABALHADORES OCUPADOS EM DIVERSOS PROCESSOS DE PRODUÇÃO E OUTROS | |
| 2.5.1 | INDÚSTRIAS METALÚRGICAS E MECÂNICAS<br>(Aciarias, fundições de ferro e metais não ferrosos, laminações, forneiros, mãos de forno, reservas de forno, fundidores, soldadores, lingoteiros, tenazeiros, caçambeiros, amarradores, dobradores e desbastadores.<br>Rebarbadores, esmerilhadores, marteleteiros de rebarbação.<br>Operadores de tambores rotativos e outras máquinas de rebarbação.<br>Operadores de máquinas para fabricação de tubos por centrifugação.<br>Operadores de pontes rolantes ou de equipamentos para transporte de peças e caçambas com metal liquefeito, nos recintos de aciarias, fundições e laminações.<br>Operadores nos fornos de recozimento ou de têmpera – recozedores, temperadores. | 25 anos |
| 2.5.2 | FERRARIAS, ESTAMPARIAS DE METAL A QUENTE E CALDEIRARIA<br>Ferreiros, marteleiros, forjadores, estampadores, caldeireiros e prensadores.<br>Operadores de forno de recozimento, de têmpera, de cementação, forneiros, recozedores, temperadores, cementadores.<br>Operadores de pontes rolantes ou talha elétrica. | 25 anos |
| 2.5.3 | OERAÇÕES DIVERSAS<br>Operadores de máquinas pneumáticas.<br>Rebitadores com marteletes pneumáticos.<br>Cortadores de chapa a oxiacetileno.<br>Esmerilhadores.<br>Soldadores (solda elétrica e a oxiacetileno).<br>Operadores de jatos de areia com exposição direta à poeira.<br>Pintores a pistola (com solventes hidrocarbonados e tintas tóxicas).<br>Foguistas. | 25 anos |
| 2.5.4 | APLICAÇÃO DE REVESTIMENTOS METÁLICOS E ELETROPLASTIA<br>Galvanizadores, niqueladores, cromadores, cobreadores, estanhadores, douradores e profissionais em trabalhos de exposição permanente nos locais. | 25 anos |
| 2.5.5 | FABRICAÇÃO DE VIDROS E CRISTAIS<br>Vidreiros, operadores de forno, forneiros, sopradores de vidros e cristais.<br>Operadores de máquinas de fabricação de vidro plano, sacadores de vidros e cristais, operadores de máquinas de soprar vidros e outros profissionais em trabalhos permanentes nos recintos de fabricação de vidros e cristais. | 25 anos |
| 2.5.6 | FABRICAÇÃO DE TINTAS, ESMALTES E VERNIZES<br>Trituradores, moedores, operadores de máquinas moedoras, misturadores, preparadores, envasilhadores e outros profissionais em trabalhos de exposição permanente nos recintos de fabricação. | 25 anos |
| 2.5.7 | PREPARAÇÃO DE COUROS<br>Caleadores de couros.<br>Curtidores de couros.<br>Trabalhadores em tanagem de couros. | 25 anos |
| 2.5.8 | INDÚSTRIA GRÁFICA E EDITORIAL<br>Monotipistas, linotipistas, fundidores de monotipo, fundidores de linotipo, fundidores de estereotipia, eletrotipistas, estereotipistas, galvanotipistas, titulistas, compositores, biqueiros, chapistas, tipógrafos, caixistas, distribuidores, paginadores, emendadores, impressores, minervistas, prelistas, ludistas, litógrafos e fotogravadores. | 25 anos |

# Decreto n. 3.048, de 6 de maio de 1999
## Regulamento da Previdência Social
## Anexo IV — Classificação dos Agentes Nocivos

| Código | Agente Nocivo | Tempo de Exposição |
|---|---|---|
| 1.0.0 | **AGENTES QUÍMICOS**<br>O que determina o direito ao benefício é a exposição do trabalhador ao agente nocivo presente no ambiente de trabalho e no processo produtivo, em nível de concentração superior aos limites de tolerância estabelecidos. (Redação dada pelo Decreto, n. 3.265, de 1999)<br>O rol de agentes nocivos é exaustivo, enquanto que as atividades listadas, nas quais pode haver a exposição, é exemplificativa. (Redação dada pelo Decreto, n. 3.265, de 1999) | |
| 1.0.1 | ARSÊNIO E SEUS COMPOSTOS<br>a) extração de arsênio e seus compostos tóxicos;<br>b) metalurgia de minérios arsenicais;<br>c) utilização de hidrogênio arseniado (arsina) em sínteses orgânicas e no processamento de componentes eletrônicos;<br>d) fabricação e preparação de tintas e lacas;<br>e) fabricação, preparação e aplicação de inseticidas, herbicidas, parasiticidas e raticidas com a utilização de compostos de arsênio;<br>f) produção de vidros, ligas de chumbo e medicamentos com a utilização de compostos de arsênio;<br>g) conservação e curtume de peles, tratamento e preservação da madeira com a utilização de compostos de arsênio. | 25 ANOS |
| 1.0.2 | ASBESTOS<br>a) extração, processamento e manipulação de rochas amiantíferas;<br>b) fabricação de guarnições para freios, embreagens e materiais isolantes contendo asbestos;<br>c) fabricação de produtos de fibrocimento;<br>d) mistura, cardagem, fiação e tecelagem de fibras de asbestos. | 20 ANOS |
| 1.0.3 | BENZENO E SEUS COMPOSTOS TÓXICOS<br>a) produção e processamento de benzeno;<br>b) utilização de benzeno como matéria-prima em sínteses orgânicas e na produção de derivados;<br>c) utilização de benzeno como insumo na extração de óleos vegetais e alcoóis;<br>d) utilização de produtos que contenham benzeno, como colas, tintas, vernizes, produtos gráficos e solventes;<br>e) produção e utilização de clorobenzenos e derivados;<br>f) fabricação e vulcanização de artefatos de borracha;<br>g) fabricação e recauchutagem de pneumáticos. | 25 ANOS |
| 1.0.4 | BERÍLIO E SEUS COMPOSTOS TÓXICOS<br>a) extração, trituração e tratamento de berílio;<br>b) fabricação de compostos e ligas de berílio;<br>c) fabricação de tubos fluorescentes e de ampolas de raio X;<br>d) fabricação de queim<br>f) utilização do berílio na indústria aeroespacial. | 25 ANOS |
| 1.0.5 | BROMO E SEUS COMPOSTOS TÓXICOS<br>a) fabricação e emprego do bromo e do ácido brômico. | 25 ANOS |
| 1.0.6 | CÁDMIO E SEUS COMPOSTOS TÓXICOS<br>a) extração, tratamento e preparação de ligas de cádmio;<br>b) fabricação de compostos de cádmio;<br>c) utilização de eletrodos de cádmio em soldas;<br>d) utilização de cádmio no revestimento eletrolítico de metais;<br>e) utilização de cádmio como pigmento e estabilizador na indústria do plástico;<br>f) fabricação de eletrodos de baterias alcalinas de níquel-cádmio. | 25 ANOS |

| Código | Agente Nocivo | Tempo de Exposição |
|---|---|---|
| 1.0.7 | CARVÃO MINERAL E SEUS DERIVADOS<br>a) extração, fabricação, beneficiamento e utilização de carvão mineral, piche, alcatrão, betume e breu;<br>b) extração, produção e utilização de óleos minerais e parafinas;<br>c) extração e utilização de antraceno e negro de fumo;<br>d) produção de coque. | 25 ANOS |
| 1.0.8 | CHUMBO E SEUS COMPOSTOS TÓXICOS<br>a) extração e processamento de minério de chumbo;<br>b) metalurgia e fabricação de ligas e compostos de chumbo;<br>c) fabricação e reformas de acumuladores elétricos;<br>d) fabricação e emprego de chumbo-tetraetila e chumbo-tetrametila;<br>e) fabricação de tintas, esmaltes e vernizes à base de compostos de chumbo;<br>f) pintura com pistola empregando tintas com pigmentos de chumbo;<br>g) fabricação de objetos e artefatos de chumbo e suas ligas;<br>h) vulcanização da borracha pelo litargírio ou outros compostos de chumbo;<br>i) utilização de chumbo em processos de soldagem;<br>j) fabricação de vidro, cristal e esmalte vitrificado;<br>l) fabricação de pérolas artificiais;<br>m) fabricação e utilização de aditivos à base de chumbo para a indústria de plásticos. | 25 ANOS |
| 1.0.9 | CLORO E SEUS COMPOSTOS TÓXICOS<br>a) fabricação e emprego de defensivos organoclorados;<br>b) fabricação e emprego de cloroetilaminas (mostardas nitrogenadas);<br>c) fabricação e manuseio de bifenis policlorados (PCB);<br>d) fabricação e emprego de cloreto de vinil como monômero na fabricação de policloreto de vinil (PVC) e outras resinas e como intermediário em produções químicas ou como solvente orgânico;<br>e) fabricação de policloroprene;<br>f) fabricação e emprego de clorofórmio (triclorometano) e de tetracloreto de carbono. | 25 ANOS |
| 1.0.10 | CROMO E SEUS COMPOSTOS TÓXICOS<br>a) fabricação, emprego industrial, manipulação de cromo, ácido crômico, cromatos e bicromatos;<br>b) fabricação de ligas de ferro-cromo;<br>c) revestimento eletrolítico de metais e polimento de superfícies cromadas;<br>d) pintura com pistola utilizando tintas com pigmentos de cromo;<br>e) soldagem de aço inoxidável. | 25 ANOS |
| 1.0.11 | DISSULFETO DE CARBONO<br>a) fabricação e utilização de dissulfeto de carbono;<br>b) fabricação de viscose e seda artificial (raiom) ;<br>c) fabricação e emprego de solventes, inseticidas e herbicidas contendo dissulfeto de carbono;<br>d) fabricação de vernizes, resinas, sais de amoníaco, de tetracloreto de carbono, de vidros óticos e produtos têxteis com uso de dissulfeto de carbono. | 25 ANOS |
| 1.0.12 | FÓSFORO E SEUS COMPOSTOS TÓXICOS<br>a) extração e preparação de fósforo branco e seus compostos;<br>b) fabricação e aplicação de produtos fosforados e organofosforados (sínteses orgânicas, fertilizantes e praguicidas);<br>c) fabricação de munições e armamentos explosivos. | 25 ANOS |
| 1.0.13 | IODO<br>a) fabricação e emprego industrial do iodo. | 25 ANOS |
| 1.0.14 | MANGANÊS E SEUS COMPOSTOS<br>a) extração e beneficiamento de minérios de manganês;<br>b) fabricação de ligas e compostos de manganês;<br>c) fabricação de pilhas secas e acumuladores;<br>d) preparação de permanganato de potássio e de corantes;<br>e) fabricação de vidros especiais e cerâmicas;<br>f) utilização de eletrodos contendo manganês;<br>g) fabricação de tintas e fertilizantes. | 25 ANOS |

| Código | Agente Nocivo | Tempo de Exposição |
|---|---|---|
| 1.0.15 | MERCÚRIO E SEUS COMPOSTOS<br>a) extração e utilização de mercúrio e fabricação de seus compostos;<br>b) fabricação de espoletas com fulminato de mercúrio;<br>c) fabricação de tintas com pigmento contendo mercúrio;<br>d) fabricação e manutenção de aparelhos de medição e de laboratório;<br>e) fabricação de lâmpadas, válvulas eletrônicas e ampolas de raio X;<br>f) fabricação de minuterias, acumuladores e retificadores de corrente;<br>g) utilização como agente catalítico e de eletrólise;<br>h) douração, prateamento, bronzeamento e estanhagem de espelhos e metais;<br>i) curtimento e feltragem do couro e conservação da madeira;<br>j) recuperação do mercúrio;<br>l) amalgamação do zinco.<br>m) tratamento a quente de amálgamas de metais;<br>n) fabricação e aplicação de fungicidas. | 25 ANOS |
| 1.0.16 | NÍQUEL E SEUS COMPOSTOS TÓXICOS<br>a) extração e beneficiamento do níquel;<br>b) niquelagem de metais;<br>c) fabricação de acumuladores de níquel-cádmio. | 25 ANOS |
| 1.0.17 | PETRÓLEO, XISTO BETUMINOSO, GÁS NATURAL E SEUS DERIVADOS<br>a) extração, processamento, beneficiamento e atividades de manutenção realizadas em unidades de extração, plantas petrolíferas e petroquímicas;<br>b) beneficiamento e aplicação de misturas asfálticas contendo hidrocarbonetos policíclicos. | 25 ANOS |
| 1.0.18 | SÍLICA LIVRE<br>a) extração de minérios a céu aberto;<br>b) beneficiamento e tratamento de produtos minerais geradores de poeiras contendo sílica livre cristalizada;<br>c) tratamento, decapagem e limpeza de metais e fosqueamento de vidros com jatos de areia;<br>d) fabricação, processamento, aplicação e recuperação de materiais refratários;<br>e) fabricação de mós, rebolos e de pós e pastas para polimento;<br>f) fabricação de vidros e cerâmicas;<br>g) construção de túneis;<br>h) desbaste e corte a seco de materiais contendo sílica. | 25 ANOS |
| 1.0.19 | OUTRAS SUBSTÂNCIAS QUÍMICAS<br>GRUPO I – ESTIRENO; BUTADIENO-ESTIRENO; ACRILONITRILA; 1-3 BUTADIENO; CLOROPRENO; MERCAPTANOS, n-HEXANO, DIISOCIANATO DE TOLUENO (TDI); AMINAS AROMÁTICAS<br>a) fabricação e vulcanização de artefatos de borracha;<br>b) fabricação e recauchutagem de pneus.<br>GRUPO II – AMINAS AROMÁTICAS, AMINOBIFENILA, AURAMINA, AZATIOPRINA, BIS (CLORO METIL) ÉTER, 1-4 BUTANODIOL, DIMETANOSULFONATO (MILERAN), CICLOFOSFAMIDA, CLOROAMBUCIL, DIETILESTIL-BESTROL, ACRONITRILA, NITRONAFTILAMINA 4-DIMETIL-AMINOAZOBENZENO, BENZOPIRENO, BETA-PROPIOLACTONA, BISCLOROETILETER, BISCLOROMETIL, CLOROMETILETER, DIANIZIDINA, DICLOROBENZIDINA, DIETILSULFATO, DIMETILSULFATO, ETILENOAMINA, ETILENOTIUREIA, FENACETINA, IODETO DE METILA, ETILNITROSUREIAS, METILENO-ORTOCLOROANILINA (MOCA), NITROSAMINA, ORTOTOLUIDINA, OXIME-TALONA, PROCARBAZINA, PROPANOSULTONA, 1-3-BUTADIENO, ÓXIDO DE ETILENO, ESTILBENZENO, DIISOCIANATO DE TOLUENO (TDI), CREOSOTO, 4-AMINODIFENIL, BENZIDINA, BETANAFTILAMINA, ESTIRENO, 1-CLORO-2, 4-NITRODIFENIL, 3-POXIPRO-PANO<br>a) manufatura de magenta (anilina e ortotoluidina);<br>b) fabricação de fibras sintéticas;<br>c) sínteses químicas;<br>d) fabricação da borracha e espumas;<br>e) fabricação de plásticos;<br>f) produção de medicamentos;<br>g) operações de preservação da madeira com creosoto;<br>h) esterilização de materiais cirúrgicos. | 25 ANOS |

# Referências Bibliográficas

GERGES, Samir N. Y. *Curso de controle de ruído industrial.*

_____. *Protetores auditivos.* 1. ed. Florianópolis, 2003.

GONZAGA, Paulo. *Perícia médica da previdência social.* 3. ed. São Paulo: LTr, 2004.

_____. *PPP – Perfil Profissiográfico Previdenciário.* São Paulo: LTr, 2002.

INTERNACIONAL ORGANIZATION FOR STANDARDIZATION. *Mechanical vibration and shock* — Evaluation of human exposure to whole-body vibration — Part I: General reginments. Geneva, 1997.

INTERNACIONAL ORGANIZATION FOR STANDARDIZATION. 550 5349. *Mechanical vibration* — guidelines for the measurement and assessment of human exposure to hand transmitted vibration. Geneva, 1986.

MARTINEZ, Manuel Garrido; TORÍO, Patrocínio. *El trabajo en ambientes con sobrecarga térmica*, Plan de Estúdios del Técnico de Seguridad y Higiene Del Trabajo.

_____; MENÉDEZ, Angel Menédez. *El trabajo en ambientes con sobrecarga térmica*, Servicio Social de Higiene Y Seguridad Del Trabajo, 1981.

MARTINEZ, Wladimir Novaes. *Aposentadoria especial em 920 perguntas e respostas.* 5. ed. São Paulo: LTr, 2007.

_____. *PPP na aposentadoria especial.* 2. ed. São Paulo: LTr, 2003.

NORMA DE HIGIENE OCUPACIONAL — NHO 03. *Método de ensaio — Análise gravimétrica de aerodispersoides sólidos coletados sobre filtros e membrana.* FUNDACENTRO, 2001.

NORMA DE HIGIENE OCUPACIONAL — NHO 04. *Método de ensaio — Método de coleta e análise de fibras em locais de trabalho – Análise de microscopia de contraste de fase.* FUNDACENTRO, 2001.

NORMA DE HIGIENE OCUPACIONAL — NHO 05. *Procedimento Técnico — Avaliação da exposição ocupacional aos raios X no serviço de radiologia.* FUNDACENTRO, 2001.

NORMA DE HIGIENE OCUPACIONAL — NHO 06. *Procedimento Técnico – Avaliação da exposição ocupacional ao calor.* FUNDACENTRO, 2002.

NOVAES FILHO, Wladimir. *Acórdãos selecionados de previdência social.* São Paulo: LTr, 2008.

OLIVEIRA, Sebastião Geraldo de. *Proteção jurídica a saúde do trabalhador.* 3. ed. São Paulo: LTr, 2001.

PAULINO, Daniel. *A aposentadoria por invalidez no direito positivo brasileiro.* São Paulo: LTr, 2001.

SALIBA, Tuffi Messias; PAGANO, Sofia C. Reis Saliba. *Legislação de segurança, acidente do trabalho e saúde do trabalhador.* 5. ed. São Paulo: LTr, 2007.

SOUZA, Leny Xavier de Brito. *Previdência social:* normas e cálculos de benefícios. 6. ed. São Paulo: LTr, 2002.

VENDRAME, Antônio Carlos. *Aposentadoria especial com enfoque em segurança do trabalho.* São Paulo: LTr, 2002.